왜 키르기스스탄인가

여행을 여행하다

왜 키르기스스탄인가

글·사진 조용필

불만이다.

이 나이에 집 한 채 없어 늘 연세(年貰)와 월세를 걱정해야 하고, 모아둔 여유자금이 없으니 통장 잔고는 항상 빈약하다. 그런데도 많은 사람들은 나를 부러워한다. 여행이나 다니고, 제주도에서 귤 농사도 짓고, 나무 깎으며 취미 생활하면서 하고 싶은 것 다하고 사니 얼마나 행복하냐고들 한다. 맞다. 한발 물러서서 나의 긍정적인 것만 보니까 그리 여기는 것은 당연하다.

행복하다.

내 인생 내 세상에서는 내가 주인공이라는 신념을 지키고 산다. 가진 것도 없고 이룬 것도 없는 내가 스스로도 행복하다고 여기는 건 내가 좋아하는 걸 하며 살기 때문이다. 나는 이런 내 방식으로 산다. 그래서 행복하다. 많이 가진 이들이 아무것도 없는 나를 부러워하는 건 그들의 즐거움이나 만족도가 내 기쁨의 크기에 못 미친다고 여기기 때문이다. 결국 행복은 내 선택이다. 남과 비교하는 순간 내 행복은 줄어든다는 걸 나는 잘 알고 있다. 인생이 자기에게 기쁨을 주지 않으면, 자기 스스로 기쁨을 만들어 낼 수밖에 없다고 베토벤이 말했다. 불행과 행복과의 전환이 얼마나 쉬운가를 내게 가르쳐 준, 존경하는 마야 안젤루도 인생은 숨을 쉰 횟수보다도 숨 막힐 정도로 벅찬 순간이 얼마나 많았나로 평가된다고 말했다.

고맙다.

키르기스스탄은 내게 많은 것을 가르쳐 주었다. "열심히 일한 후 노후를 즐기겠다". "편안한 여생을 위해서 조금만 더 일하겠다"… 이미 노후는 시작되었다. 여생… '남은 인생'이란 없다. 바로 지금뿐이라는 걸 가르쳐 준 것도 키르기스스탄이다.

걱정이다.

1년 동안 매달려 만든 책이 여러모로 설익었다. 설익은 걸 세상에 내놓으려니 부끄럽고 염려스럽다. 하지만 출간을 위해 성의를 아끼지 않은 명상완 님, 조정원 님, 추상훈 님…, 김윤태 님을 비롯한 출판사 관계자분들께 감사드린다. 여행 다니느라고, 책 낸다고 밖으로 나돈 가장에게 한마디 잔소리하지 않은 식구들에게도 고맙다고 전한다.

2024년 9월 조용필

여행을 여행하다
왜 키르기스스탄인가

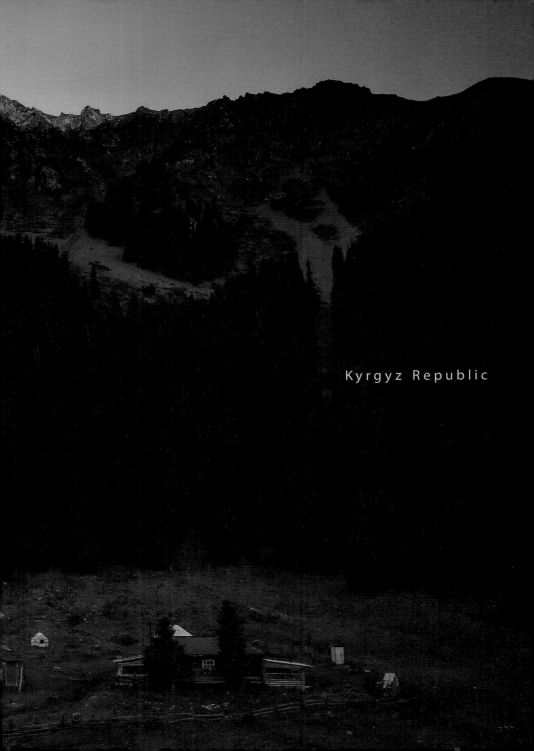

Kyrgyz Republic

왜
키르기스스탄인가?

결국은 대자연,
결국은 키르기스스탄!

∙∙

    지난 10여 년간 꽤 많은 큰 여행을 다녔다. 바이크를 타고 독일과 스위스, 이탈리아와 슬로베니아 등 유럽을 다녀 보기도 했고 일본도 몇 번 갔었다. 2015년에는 내 차로 약 16개월 동안 60여 나라를 넘나들며 세계여행을 했었다. 2019년에는 3.1운동 100주년 한반도 평화통일 기원 한민족 오토랠리 행사로 고려인들과 자동차를 타고서 모스크바 크렘린 광장을 출발하여 카자흐스탄-우즈베키스탄-카자흐스탄-러시아-몽골-중국을 거쳐 다시 러시아를 경유하여 서울로 돌아오는 여정을 마쳤다. 2022년에도 내 차를 가지고 28개 나라를 거치며 135일간 유라시아 자동차 여행을 했다.

    제일 많이 받는 질문이 "어디가 제일 좋았냐?", "가장 살고 싶었던 곳이 어디냐?"이다. 그런 질문에 내 대답은 언제나 명쾌했다.

"키르기스스탄!"

로마의 콜로세움, 뉴욕의 마천루, 파리의 에펠탑, 런던의 국회의사
당, 바르셀로나의 파밀리아 성당 등 세계를 다녀보면 놀랄 만한 볼거
리들이 즐비하다. 그렇지만 시간이 지나도 기억에 남고 더 오래 추억
되는 건 언제나 대자연이었다. 키르기스스탄은 국토의 90%가 험준한
산악지대로, 접근성이 나빠 역설적으로 청정한 대자연이 온전히 살아
있는 나라이다.

국토 면적은 우리나라의 2배 정도지만 인구는 720만 명2023년에
불과하다. 부산과 경남 인구를 합친 정도의 국민들이 이 너른 대지
에 넉넉히 터전을 마련하여 부럽게 살고 있다. 여유롭다. 어느 지역을
가도 번잡하지 않다. 많은 이들이 훌륭한 건축물이나 대단한 시설물

등을 보러 외국으로 나가지만 더 많은 이들은 그런 인공물보다 멋진 풍광이나 경이로운 대자연의 참모습을 보러 여행을 다닌다. 나도 그런 걸 보러 다니는 걸 좋아하는 사람이다. 그 대자연 속에서 만나는 순박한 현지인들도 깊은 인상을 준다. 가장 오랫동안 뇌리에 남는 것은 역시 여행지 사람과의 인연이다. 저렇게 험하고 모든 것이 부족할 것 같은 대자연 속에 어떻게 사람이 살고 있을까를 보고 느끼는 것만으로도 큰 감동이 될 수 있다. 키르기스스탄에서는 경외스러울 만치 웅장한 대자연과 그 속에 존재하는 사람들의 모습과 사는 이야기를 만날 수 있다는 것이 대단한 매력이다. 올 때마다 이런 것들이 훼손되지 않고 잘 보존되었으면 좋겠다는 생각을 수없이 한다.

양을 치는 사람들도, 농사를 짓는 사람들도 하다못해 도시에 사는 사람들도 남녀노소 거의 모두가 햇볕에 검게 탄 얼굴이지만 굳었거나 찌푸린 얼굴을 보기 어렵다. 한결같이 웃음 머금은 밝은 표정이다. 화려한 복장이나 명품백 같은 건 눈 씻고 봐도 보이지 않는다. 비록 색 바래고 오래된 낡은 의복을 입은 사람들이 많지만 남루하거나 지저분한 사람도 드물다. 순박하다. 물질 문명 수준은 확실히 우리보다 한참 뒤떨어졌지만 삶의 행복도나 만족도는 결코 우리보다 못하지 않다. 자연의 품 안에서 인간 본연의 자세로 생활한다는 걸 한눈에 느낄 수 있을 만큼 맑다. 아무리 허름하고 오래된 흙담으로 된 시골집이라도 창가에 마당에 담 아래에 온갖 꽃들이 만발해 있다. 저절로 핀 꽃들도 있겠지만 정성껏 가꾼 흔적이 역력하다. 사람은 마음의 여유가 있어야 스스로 꽃을 키운다. 우리가 70년대에 가졌던 미래에 대한 자신감이나 의욕들이 지금 이들의 가슴에 넘치고 있음을 쉽게 깨달을 수 있다. 부럽다.

천상의 호수 송쿨에 가면 휴대폰은 불통이다. 당연히 카톡도 끊어진다. 일행들은 안절부절못한다. 안 되는 줄 알면서도 휴대폰에서 손을 떼지 못하고 만지작만지작한다. 하루만 지나면 한 명씩 불안감이나 조급함을 떨쳐버리고 평온을 되찾기 시작한다. 액정화면 대신에 함께 간 일행과 눈을 맞추고 얘기하기 시작한다. 걸려오는 전화도 문자도 없고 톡이 없어지는 대신 자연스럽게 사람들과의 대화가 시작된다. 예전으로 돌아간다. 우리가 자의든 타의든 얼마나 많은 단절 속에 파묻혀 스스로 주변과 벽을 쌓고 갇혀 있었는지 깨닫게 되는 경험이다.

키르기스스탄을 가려면 인천공항에서 이웃나라 카자흐스탄의 알마티행 비행기를 타거나 우즈베키스탄의 타슈켄트로 먼저 가야만 했다. 알마티에서 자동차로 200여 km를 달려 육로로 국경을 통과한 후 비슈케크로 가거나, 타슈켄트에서 다시 비행기로 비슈케크의 마나스 공항으로 입국하는 방법을 택해야만 했다. 어느 경로로 가든 7~8시

송쿨호수(Song Kul Lake)

간 비행 후 운 좋아도 대여섯 시간이 더 소요되니 가는 데만 하루가 족히 걸리는 여정이었다. 그렇게 먼 경로가 최근 국적기 직항편이 생겨 불과 7시간이면 가게 되었다. 키르기스스탄을 좋아하는 한국 여행자들에게는 거의 축복이다.

키르기스스탄, 그곳은 우리가 그동안 잊고 살았던 느림의 미학과 여유의 가치를 다시 한 번 깨우쳐 볼 수 있는 곳이다. 마치 밤하늘에 밀가루 부대를 터뜨린 듯 쏟아지는 은하수 아래 호숫가에 앉아, 쫓기듯 너무 빠르게만 살아온 우리를 차분하게 한 번 되돌아보는 시간을 가질 수 있는 곳이다.

열심히 일하고 악착같이 벌어서 나중에 더 크고 더 좋은 차를 사고, 더 비싼 고급 옷을 사 입고 더 넓은 아파트에서 사는 걸 잘사는 삶이라 여기고 참고 고생하는 우리가 행복할까? 매일 열심히 일하고 식구들이 모두 모여 같이 식사하고 같이 어울려 있다가 한 지붕 아래에서 같이 잠드는 걸 당연하게 여기는 이들의 삶이 더 인간답게 사는 걸까?

대부분의 키르기스스탄인들은 한국을 꿈꾼다. K-POP은 물론이고 한국 드라마가 인기이며 한국어 배우기 열풍도 드높아 서툰 한국말로 수줍어하며 말을 걸어오는 젊은이들도 쉽게 만날 수 있다. 한국으로의 유학을 꿈꾸거나 일자리를 찾으려 노력하는 청춘들도 부지기수다. 이들은 한국인의 생활과 삶을 부러워하지만 나는 되려 이쪽 사람들이 부럽다. 인간미 넘치는 생활이 부럽다. 예전엔, 불과 몇십 년 전만 해도 우리도 이렇게 살았기에….

세계여행을 다녀와 수 년간 한 번도 외국여행을 간 적 없는 아내가 얼마전 불쑥 여행을 가고 싶다고 했다. 미안한 마음이 들었지만 내색하지 않고 조심스럽게 물었다.
"어디로 가고 싶은데?"
망설임 없는 대답이 돌아왔다.
"키르기스스탄!"

키르기스스탄은
어떤 나라인가?

키르기즈공화국
Kyrgyz Republic

· ·

13세기에는 몽골에게 점령당하고, 17세기에는 청나라에 정복당하고, 19세기에는 소련의 속국으로 있다가 1991년 소련이 무너지면서 독립국가가 된 키르기스스탄의 정식 국호는 '키르기즈공화국 Kyrgyz Republic'이다.

많은 이들에게 키르기스스탄은 아직도 비교적 낯선 국가 이름이다. 나라 이름에 '스탄'이 붙어 있으니 중앙아시아 어디쯤에 있는 나라라는 건 많은 사람들이 알고 있다. 아마도 1991년 독립 전까지 소비에트연방의 일원으로 묻혀 있었기에 일반인에게는 그 인지도가 미미하였다는 점이 가장 큰 이유일 것이다. 대부분의 사람들은 키르기스스탄이 정확히 어느 나라들과 국경선을 맞대고 있는지 잘 모른다. 또 비슈케크 Bishkek라는 수도 이름을 정확하게 말할 수 있는 사람이 드문

게 사실이다. 80년대까지 이런 나라는 아예 지도에 등장하지도 않았고 공산권에 관심을 가지는 것도 금기시했으며 실제로 국가 간 교류도 제로에 가까웠다.

키르기스스탄은 어떤 나라인가? 하나씩 알아보자.

키르기스스탄은 중앙아시아의 북동쪽에 위치하고 있으며 주변의 4개 국가와 복잡한 국경선을 맞대고 있다. 국경을 접한 나라들은 비교적 우리 귀에 익숙한 이름을 가진 나라들이다. 우선 동쪽은 중국과 이웃하고 있다. 더 자세히 말하면 중국의 신장 위구르 자치구와 접해 있다. 북쪽으로는 중앙아시아에서 가장 큰 나라인 카자흐스탄과 꽤 긴 국경선을 공유하고 있다. 서쪽으로는 우즈베키스탄과 복잡한 국경선을 사이에 두고 있으며, 남쪽으로는 파미르고원의 산악 국가인 타지키스탄과 더 복잡한 국경선을 맞대고 있다.

　　수도는 비슈케크Bishkek로 키르기스스탄의 정치, 행정, 경제, 교육 및 물류를 비롯한 전반적인 중심지 역할을 하고 있다. 국민 대다수는 이슬람교를 따르지만 헌법으로 종교의 자유가 보장되어 있는 나라이다.

　　행정구역은 추이Chuy, 탈라스Talas, 나린Naryn, 이식쿨Issyk-Kul, 오쉬Osh, 바트켄Batken, 잘랄아바트Jalal-Abad 등 모두 7개의 주州로 이루어져 있다. 수도 비슈케크는 카자흐스탄 국경과 불과 25km정도 떨어져 있는데, 이 나라에서 두 번째 큰 도시인 남서쪽의 오쉬는 우즈베키스탄 국경과 10km 거리로 초근접해 있다. 외교부 홈페이지에서는 키르기스스탄을 다음과 같이 설명하고 있다.

일반사항

- 국명 : 키르기즈공화국(Kyrgyz Republic)
- 수도 : 비슈케크(Bishkek, 120만 명(2023년말))
- 인구 : 720만 명(2023년말)
- 면적 : 19만 9951㎢ (한반도의 0.95배)
- 언어 : 키르기스스탄어(공식어), 러시아어(공용어)
- 종교 : 이슬람교(80%), 러시아정교(15%), 개신교 등 기타(5%)
- 민족 : 키르기스스탄인(73%), 우즈베키스탄인(15%), 러시아인(6%)
- 기후 : 대륙성, 건조 기후
- 위치 : 중앙아시아(중국, 카자흐스탄, 우즈베키스탄, 타지키스탄 접경)

경제현황

- GDP : 77억$ ('21 EIU 기준)
- 1인당GDP : 1282$ ('21 IMF)
- 경제성장률 : 3.6% ('21, EIU)
- 화폐 단위 : 솜(Som) / (US $1=86.2솜)('24.7월)
- 교역 : 78.42억불 ('21,EIU)
      - 수출액 : 27억 3100만$
      - 수입액 : 51억 1100만$
- 물가상승률 : 11.9% ('21, EIU)
- 주요자원 : 금, 석탄, 안티몬, 수은, 천연가스 등

우리나라와의 관계

- 외교관계 : 1992.01.31. 수교
- 공관현황
      - 2007.09 공관 개설
      - 2008.07 상주 대사관 개설
      - 2018.07 하태역 대사 부임
      - 2021.06 이원재 대사 부임
        주한공관 설치 : 2008.5 상주 대사관 개설
      - 2022.03월 이스마일로바(Aida Ismailova) 대사 부임
      - 2024.08 김광재 대사 부임
- 투자현황
      - 對 키르기스스탄 투자(~'22 3분기까지 누계, 신고액 기준) : 193백만불
      - 對한 투자(~'22 4분기까지 누계, 신고액 기준) : 34.5백만불
- 교역 : 교역규모('22, KITA) : 374백만불
      - 수출액 : 11억 7,200만$
      - 수입액 : 200만$
      - 수출품목 : 편직물, 화장품, 화물자동차 등
      - 수입품목 : 기타전자관, 기타섬유제품 등

• 교민현황
 - 재외동포('21) : 18,106명
 - 고려인('21) : 17,124명
 - 재외국민('21) : 982명

소비에트연방에서 독립하면서 '키르기스 소비에트 사회주의 공화국'이라는 이름을 버리고 지금의 '키르기즈공화국Kyrgyz Republic'으로 국가 명칭이 개칭되었다. 독립과 동시에 그동안의 억압에서 벗어나고자 키르기스인들은 신속하게 정치 및 경제 분야를 장악했으며, 모든 공문서와 교과서를 그간 사용해오던 러시아어를 버리고 키르기스어로 대체했다. 나아가 대통령 후보자 등록 시 키르기스어 시험을 필수 조항으로 지정할 만큼 키르기스 민족 고유의 언어와 문화를 지키기 위한 범국민운동을 강력하게 전개하였다. 이에 키르기스스탄 국내에 거주하고 있던 러시아인들 중 키르기스어를 모르던 사람들은 대거 러시아로 돌아가게 되면서 키르기스 민족이 70%가 넘는 인구 비율을 차지하게 되었다.

주변국에 비해 지하자원과 인구가 적은 키르기스스탄은 톈산산맥과 파미르고원을 비롯한 대자연과 이식쿨호lake Issyk-Kul 등의 천연 관광자원을 앞세워 현재까지 68개 국가와 무비자 협정을 체결하는 등 외국인 관광객 유치를 위한 다양한 정책을 펼치면서 외국인 투자자 유치 활동도 적극적으로 전개하고 있다.

중앙아시아 권역 국가 중 유일하게 독재 및 부정부패에 대항하는 민주화 운동을 치르면서 정권을 교체하는 등, 국민들이 적극적인 정치 참여 의식을 가진 주체성 강한 국가이기도 하다. 그 결과 중앙아시아에서는 가장 먼저 민주주의가 실현된 나라이다. 물론 안정적인 민주주의 국가라고 보기는 어렵지만 이웃 카자흐스탄이나 우즈베키스탄, 타지키스탄은 물론 언론과 국민의 자유가 세계 최하위로 평가되는 투르크메니스탄이나 아프가니스탄에 견주면 국민들이 대단한 정치 능력과 정치 감각, 참여 의식을 가지고 있는, 장래성 있는 나라라고 할 수 있다.

키르기스스탄
국기

키르기스스탄 유목민들의
전통이 담겨 있는

키르기즈공화국의 국기는 1992년 3월 3
일에 제정되었다. 그 후 2023년 12월에 일부
수정되어 지금에 이르고 있다.

국기 전체를 감싸고 있는 붉은 바탕색은
키르기스인들의 용기와 용맹을 나타낸다. 한
가운데 그려진 노란색 태양은 평화와 풍요
로움을 상징하며, 태양을 둘러싸고 있는 40
개의 햇살은 키르기스 40개 부족을 의미한
다. 태양 안에는 네 줄로 이루어진 두 세트

의 선이 교차하고 있는데 키르기스스탄 유목민들의 전통 이동 가옥
인 유르트의 천정에 뚫린 환기구를 상징한다.

남는 장사,
세 번의 여행

모든 여행은
세 번을 떠난다.

....

오늘, 올 가을에 여행을 떠나기로 했다면 결심하는 오늘부터 여행은 시작된다. 누구와 갈까? 어떤 신발을 신고 어떤 옷을 입고 갈까? 어떤 스카프와 어떤 모자를 갖고 갈까? 어떤 음식을 먹어 볼까? 가서 무엇을 해 볼까? 어떤 포즈로 사진을 찍을까? 누구에게 얘기할까?

누구나 여행을 결심하면 출발하는 그 순간까지 틈날 때마다 생각하고 공부하면서 기쁘고 즐거운 마음으로 여행을 준비하게 된다. 이게 첫 번째 여행 과정이다.

두 번째 여행은 여행 당일 집을 나서는 그 순간부터 시작한다. 출국장을 향하면서 시작하여 입국장을 지나 집으로 돌아올 때까지의 여정이 두 번째 여행이다. 흔히들 사람들은 이것만을 여행으로 여기는 경향이 강하다.

집으로 돌아오면 그때부터 세 번째 여행이 시작된다. 이 여행은 장기 여행이다. 지구별을 떠날 때까지 이어진다. 세 번의 여행 중 여행 기간이 제일 길고, 전혀 비용이 들지 않으므로 가장 보람되고 유익한 여행이다. 그림자가 되어 남은 인생 끝까지 함께하는 여행이다.

더 오랫동안 추억하고 행복을 누리기 위해서라도 두 번째 여행을 잘 다녀야 한다. 두 번째 여행을 잘 가기 위해서는 첫 번째 준비하는 여행을 잘 다듬어야 한다. 그렇게 되면 비용 한 푼 안내고도 죽을 때까지 이어지는 세 번째 여행을 다닐 수 있다. 죽는 날까지 우려먹을 수 있는 엄청나게 남는 장사이다. 이게 하루라도 빨리 여행을 떠나야 하는 이유이다!

출출해서 통닭이 먹고 싶으면 앱으로 주문하고 카드 결제하면 금방 바이크 맨이 따끈따끈한 통닭을 들고 찾아온다. 즉답형이다. 지불하면 바로 오고, 오면 맛있게 먹지만 먹고 나면 쉬 잊는다. 여행은 그런 게 아니다. 비용을 지불하고 떠나니 늘 즐겁고 편하고 재미있는 여정이 기다리고 있어야 하지만 더러는 지치고 힘들 수도 있고, 고생이 될 때도 있다. 사고가 생기기도 하고 여권을 잃어버리거나 지갑을 도둑맞아 엉망진창이 되는 경우도 있다. 나도 예전에 내 차로 세계여행을 다닐 때 스페인에서 경찰서 건너편 노상 주차장에 세워둔 차가 통째로 사라진 적이 있었다. 밤늦게 견인 관리소에서 찾았지만 도둑떼가 창을 깨고 다 털어 가버려 갈아입을 옷도 세면도구조차도 없어 쩔쩔매며 여행을 포기해야 되나 망설이며 차를 떤 적도 있었다.

믿기지 않겠지만 지금은 그 힘들었던 시간들이 가장 강렬하게 여행의 추억으로 남아 있다. 수년 전에도 여행 막판에 꼬일대로 꼬여 왜 여행을 왔나 후회되는 여행을 한 적도 있었다. 놀라운 사실은 그런 힘든 시간도 지나고 나니 오히려 더 선명하게 기억에 남고 더러는 그때가 그리워지기까지 한다는 점이다.

물론 순탄하고 온건히 잘 다녀오는 여행이 가장 바람직하다. 훨씬 기억에 남고 찐한 추억이 된다고 해서 일부러 험난한 과정을 원할 이유는 전혀 없다. 하지만 내일을 모르는 게 사람의 인생이다. 여행 도중에 문제가 생겨 여행이 순조롭게 진행되지 못하더라도 전혀 두려워

전통복장의 아이들. 키르기즈의 미래처럼 해맑다.

할 필요가 없다는 걸 강조하고 싶다. 그럴 땐 해결하면 된다. 해결 방법은 간단하다. 겁내지 말고 부딪쳐 이겨내면 된다. 이기는 것도 간단하다. 그런 상황을 즐기면 된다. 그 난관도 지나가면 내 것이 된다는 확신을 가지고 여유를 되찾아 즐기면 된다.

모든 건 지나간다. 시간도 시련도.

100세 시대에 접어들고 있다. 50대의 엄마와 20대의 딸이 함께 여행을 떠난다. 모녀는 같은 일정, 같은 호텔, 같은 식사, 같은 여정을 감성 충만하여 잘 다녀왔다. 함께 손잡고 같이 두 번째 여행을 다녀왔지만 세 번째 여행은 전혀 다르다. 세 번째 여행 기간은 엄마는 길어야 50년이지만 딸의 경우는 80년 정도는 더 즐기며 추억할 수 있다. 하루라도 더 빨리 떠나야 할 이유다. 하루라도 더 젊을 때 떠나야 할 이유이다. 내 인생에 가장 젊은 날은 오늘이다.

그러니 떠나자. 세 번째 여행을 더 오래 즐길 수 있도록 서둘러 떠나자.

2015년 송쿨호수에서.
자기네 유르트에서 머물고 가라며 권했던 이 아이들은 모두 성숙한 여인이 되었으리라.

옛날 옛적에
키르기스스탄

40개 부족의
출발

· ·

'키르기즈Kyrgyz'라는 민족의 이름은 기원전 1세기경 중국의 역사서
인 『한서』에 처음 등장한다. 키르기즈라는 말은 숫자 40을 의미하는
gyrk와 텐트를 의미하는 guz라는 두 단어가 합쳐진 것으로 유목 생
활을 하던 시절, 40개의 유르트로 형성된 무리로 시작된 민족이라는
어원적 해석이다.

유목 민족이었던 이들은 바이칼호 북서쪽의 예니세이강 유역에서
살았다. 서서히 남쪽으로 내려오면서 생활하다가 몽골족과 차카타이
징기스칸의 둘째 아들이 세운 나라 민족에게 몇 번이나 거듭 침략을 당하면서
남으로 남으로 이동하며 유목민 생활을 거듭해오면서 지금의 위치에
자리잡게 되었다는 설이 지리학적으로 가장 유력한 학설이다. 현재도
대부분의 키르기스인들은 유목 생활을 숙명으로 받아들이고 있으며
산속 생활을 선호한다. 대자연 속에서 살아가는 것을 당연시 여기는

그 DNA는 이미 고대부터 만들어져 키르기스인들의 핏속에 흐르고
있는 듯하다.

"말馬은 키르기스 민족의 영혼이다", "키르기스인들은 말 없이는
단 하루도 살 수 없다". "농사는 겁쟁이들이나 하는 것이다"라는 전통
의 이야기들이 지금도 통용될 정도로 유목인으로서의 긍지가 높고
유목과 관련한 관습과 문화가 잘 보존되어 있는 민족 국가이다.

바이칼호 인근에서 몽골 북동부 지역에 걸쳐 거주하면서 중국과
페르시아와도 교역했으며 한때 페르시아 제국에 병합되어 알렉산더
대왕의 인도 원정에도 참여했다는 기록이 있다. 8세기에는 시베리아
남부까지 내려왔으나 돌궐을 물리친 튀르크계 위구르족의 지배를 받
기도 했다. 9세기에는 위구르족을 징벌하면서 그들의 지배에서 벗어

키르기스스탄에서 말은 가축이 아니다. 가족이다.

나 다시 예니세이강 상류 지역으로 돌아가 살면서도 남쪽으로 현재 텐산산맥 일대까지 그 세력을 점진적으로 확장했다.

12세기에는 알타이산맥과 시안산맥 지역에 거주하다가 몽골의 침략이 시작되면서 중앙아시아로 내려와 현재의 키르기스스탄까지 와서 거주를 시작했다. 하지만 통일 세력을 형성하진 못하고 몽골의 오이라트족, 청나라, 우즈베크족이 세운 코칸드칸의 지배를 받기도 했다.

이 시기의 키르기스스탄이 무대가 되는 유명한 소설이 있다. 현장법사♣의 『대당서역기』가 바로 그것이다. 어린 시절 누구나 소설을 읽고 상상의 나래를 펼쳤을 손오공이 등장하는 『서유기』가 바로 이 현장법사와 『대당서역기』를 모티브로 한

♣ 현장법사 _ 당의 승려(602~664) 하남성 낙양의 동쪽에 있는 구씨현(거우스현) 출생. 손오공이 등장하는 고전소설 『서유기』 삼장법사의 모티브가 된 인물이다. 기록에 의하면 10살에 입문하여 13살에 승적에 올랐다. 서기 627년에 불교 경전을 가져오기 위해 국외여행을 금한 나라의 법을 어기고 몰래 인도로 떠난다. 여러 번 위기가 찾아왔지만 불교를 믿는 관리들의 도움으로 모면하였다. 인도 전역을 돌며 수학했고 서기 641년에 많은 경전과 불상을 가지고 귀국길에 올라 힌두쿠시산맥과 파미르고원을 넘어 장안으로 돌아왔다. 이러한 그의 생애와 서역에 대한 중국인들의 상상력과 편견 등을 덧대어 소설 『서유기』가 탄생했다.

것이다.

당나라 때 활약하던 인물이 쓴 책이지만 천 년이 지난 지금 읽어 봐도 키르기스스탄의 느낌이 그대로 와닿는 글이다.

_____

고도가 높아 덥지는 않지만 모든 걸 태울 듯 햇볕은 강하다. 게다가 바람이 불기 시작하면 사람이고 짐승이고 나무고 다 날려 버릴 듯 엄청나 망연자실 공포감이 밀려올 정도이다. 바람이 약하면 노랫소리처럼 들리는데 바람이 강할 땐 울부짖는 소리로 들린다. 그 소리를 따라가면 사람들은 어디로 가야 할지 모르게 된다. 이렇게 해서 수없이 많은 사람들이 여행 도중 목숨을 잃었다. 이것이 모두 악마와 요괴들의 짓이다.

산길을 4백여 리 가다 보면 대청지(大淸池: 이식쿨호수)에 이르게 된다. 둘레는 일천여 리(里)에 달하는데 동서로 길고 남북으로는 좁다. 사방이 산에 둘러싸여 있어서 수많은 물줄기가 교차하며 모여든다. 물은 청흑색을 띠었고 쓴맛과 짠맛을 함께 지니고 있다. 호탕하게 흐르는 물은 큰 파도가 사납게 일어나 물보라를 일으키며 흐른다. 용과 물고기가 뒤섞여 살고 신령스럽고 괴이한 일들이 이따금 일어난다. 그러므로 오고 가는 나그네들은 그 복을 빌며 기도를 한다. 비록 어류가 많으나 감히 물고기를 잡지 않는다.

대청지에서 서북쪽으로 5백여 리를 가다 보면 소엽수성(素葉水城 : 지금의 Tokmok)에 이른다. 성의 둘레는 6~7리이고 여러 나라에서 온 외국인 상인들(商胡)이 뒤섞여 살고 있다. 땅은 기장과 보리, 포도에 적합하며 숲은 우거져 있지 않다. 바람이 차서 사람들은 털로 짠 옷을 입는다.

———

과거의
키르기스스탄

제정러시아, 소비에트연방과
뗄 수 없는

∙∙

19세기1863년에 제정러시아가 키르기스스탄 북부 지역을 흡수한
다. 1876년 제정러시아가 코칸트 칸국을 정복하자 키르기스인 여왕
쿠르만잔 다카는 오랫동안 이어져온 중국의 압제로부터 벗어나고자
러시아제국의 지배를 받아들인다. 하지만 많은 키르기스인들은 이에
반감을 가지고 독립활동을 전개하면서 파미르고원과 고원 너머 아프
가니스탄 지역으로 집단 이주를 시도했다.

1916년 대규모 반 소련 운동이 시작되자 소련의 무력 진압 과정에서
많은 키르기스인들이 중국으로 피난했다. 하지만 이들은 20세기 중반
에 전개된 문화대혁명과 대약진운동의 여파로 중화인민공화국 내에서
의 입지가 어려워지자 키르기스인 상당수는 다시 소련 영토로 역이주
하는 사태가 발생하는 등 결코 순탄하지 않은 민족사를 가지고 있다.

러시아제국 투르키스탄에 속하게 된 키르기스스탄 일대는 1917년 러시아혁명 이후에는 소비에트연방의 지배에 들어가게 되었으며 1936년에 '키르기스 소비에트 사회주의 공화국'이 된다. 이 시기에 진행된 스탈린의 대숙청은 키르기스스탄 지역도 예외가 될 수 없었다. 1937년 스탈린에 의하여 민족주의 인사 137명이 학살당해 비밀리에 매장되는 일이 있었다. 소련 당국은 이를 은밀하게 처리하면서 철저히 함구하고 있었지만 소비에트연방이 와해되고 키르기스스탄이 독립하자 1991년 키르기스인들은 최초의 국가적 과업으로 이들의 시신을 발굴하고 그 자리를 성지화하였을 만큼 정체성이 강한 민족이다.

러시아 상트페테르부르크

최근의
키르기스스탄

얽히고설킨
민주화 과정

∙∙

　1991년 소련에서 독립한 키르기스스탄은 첫 국민적 과제로 행정 수반인 대통령을 선출하는 국민투표를 하게 된다. 독립 후 처음 치러진 이 선거에서 예상 밖으로 정치인 출신이 아닌 물리학자 출신의 과학자인 아스카르 아카예프가 공산당 간부 출신 후보를 누르고 초대 대통령에 당선되면서 세계적인 주목을 받았다. 정치 경험이나 공직 경험이 없었던 아카예프 대통령은 경제 개혁과 다당제 민주주의를 도입하는 등 수천 년간 독특한 역사와 체제를 지켜왔던 키르기스스탄에 서구식 민주주의를 과감하게 도입하면서 국가 성장을 시도했다.

　하지만 공산주의 체제에 익숙해진 국민들의 의식과 현실은 지도자의 뜻과는 거리가 멀었고, 종래 소련 때와는 전혀 다른 이런 통치 방식에 쉽게 적응할 수 없었다. 그럼에도 아카예프는 서구식 민주주의를 계속 밀어붙였다. 사회주의 국가였을 때 연방국가가 관리하던 국유 재산이 급작스런 독립으로 주인 없는 상황에 처한 대상들이 쏟아져 나왔다. 이를 관리하는 총책임자인 아카예프는 엄청난 재산을 축적하는 맛을 알게 되자 그 과정에서 대놓고 새로 제정된 헌법을 무시하고 위반하기 시작했다.

5년 대통령 임기를 세 번 연임하는 동안 당연한 듯 그의 일족들도 족벌체제를 굳히면서 뇌물수수와 각종 권력형 비리를 일삼으며 권력을 통한 금력 독점에 혈안이 된다. 2005년 실시된 총선에서 대통령이 자신의 아들과 딸을 국회의원에 당선시키고도 모자라 요직을 골라 임명하자 결국 반정부 시위가 일어나게 된다. 아카예프는 무력으로 이를 진압하려 했다.

하지만 러시아와 카자흐스탄이 반대하여 무력 진압은 좌절된다.

결국 2005년 3월 튤립혁명으로 명명되는 시민혁명이 일어난다. 아카예프는 대통령직을 사임하고 러시아로 망명하는 등 이들 일파는 모두 권좌에서 축출된다. 그렇지만 키르기스스탄에는 사회주의 시절에는 없었던 새로운 권위주의와 자본주의 형태의 경제 부정부패가 뿌리를 내리면서 사회적 병폐로 자리잡게 되었다.

2005년 8월에 취임한 쿠르만벡 바키예프 제2대 대통령도 본인의 의도와는 달리 정치적 일정이 순로롭지 못했다. 임기 초반에는 국내 정세가 평온을 되찾고 경제도 활성화되는 듯했으나 부정부패에 맛들인 관료들은 더욱 극성스럽게 자기 이익만 추구하게 되고 정부의 정책들은 전부 허실이 되어 국민의 불만이 높아지기 시작했다. 이런 와중에 2008년 남부 지방에서 대지진이 발생하여 많은 국민들이 목숨을 잃는 일이 발생한다. 정부의 피해 복구는 더디기만 하여 주민들의 원성이 점점 더 높아지던 차에 이재민들에게 지급되어야 할 지원금을 정치인들이 빼돌린 사실이 밝혀진다.

게다가 공교롭게도 남부 지역 경제권을 장악한 우즈베키스탄 인들이 키르기스스탄 노동자들의 임금을 체불하는 사건이 연이어 터지면서 마침내 국민들의 불만과 분노는 폭발하게 된다.

이에 2010년 4월, 대통령의 최측근이었던 로자 오툰바예바의 주도로 두 번째 키르기스스탄 시민혁명이 일어난다. 봉기 반나절만에 바

키르기스스탄 국회의사당

키예프는 국민들 앞에 백기를 들고 대통령직을 사임하고 망명길에 오른다. 키르기스스탄은 이원집정부제의 과도정부 체제로 출발하게 된다. 6월에는 헌법 개정을 위한 국민투표를 실시하여 중앙아시아 최초로 의원내각제를 도입했으며, 7월에는 여성인 오툰바예바가 임시 대통령으로 취임한다. 이 새 정부가 들어서면서 사회적 불만 분위기가 다소 누그러졌으나, 남부에서 키르기스인과 우즈베크 민족 간 충돌로 많은 이들이 목숨을 잃는 대형 사고가 다시 발생하면서 임시정부는 또 혼란에 빠지게 되었다.

2011년 12월, 중앙아시아 최초로 민주적인 절차를 통한 대통령 선거가 실시되고 알마즈베크 아탐바예프가 대통령에 당선된다. 총리가 행정 관련 업무와 모든 권한의 위임 등을 차지하고 있는 내각의 실질적인 수장으로 자리하고 있었기에 대통령의 역할은 명예직에 불과했다는 평가도 있었지만 4대 대통령으로 선출된 아탐바예프가 특단 조치를 취하는 등 적극적인 정치에 나서면서 키르기스스탄은 겨우 안정될 수 있었다. 아탐바예프 대통령의 임기 동안에도 사회 전반적인 부문에서 부정과 부패, 권력형 비리와 사고가 이어져 국민들의 불만은 여전했지만 2011년 12월~2017년 11월까지 재임 기간에는 개발도상국형 국가 프로젝트를 공세적으로 진행하면서 국가발전을 도모했다는 평가가 일반적이다.

4대 대통령 재임 기간 중인 2015년 5월, 경제부 장관을 역임한 바 있는 테미르 사리예프가 총리로 취임하였다. 이듬해 4월에 치러진 총선에서는 독립당과 소론바이 젠베코프가 승리하여 정권을 이양하면서 전 총리의 실권을 그대로 물려받아 그는 실질적으로 의회의 수장이 되었다. 2016년 말에 치러진 국민투표로 개헌이 통과되자 아탐바예프가 임기 연장을 노리고 있다는 소문이 확산되는 등 다시 정국이 불안정해지기 시작했다. 하지만 아탐바예프 대통령은 2017년 선거에 출마하지 않았고, 같은 당 소론바이 젠베코프가 5대 대통령직을 이어받았다. 아탐바예프는 정상적으로 임기를 마친 대통령, 차기 대통령에게 평화적으로 대통령직을 이임한 보기 드문 업적을 이루어냈다는 평가를 받기도 했지만 자신의 친구인 소론바이 젠베코프를 후임자로 지정한 속셈을 알아차린 국민들은 새 대통령을 탐탁치 않게 여기게 된다. 임기 동안 아슬아슬한 정국이 이어지는 불안한 나날이었지만 다시 총선일이 다가오고 결국 지지기반이 약했던 소론바이 젠베코프 대통령은 부정 선거로 국민들의 실질적인 지지를 받지 못한 측근에게 권력이 넘어가도록 조작했다. 2020년 10월 총선에서 불법선거를 자행한 사실이 드러나자 유권자들은 또다시 격분하기 시작했다.

국민들은 종래와 달리 소셜미디어를 통해 결집했고 집단 움직임에 나서면서 전국적으로 선거 불복 시위가 확산되었다. 부정 선거 외에도 그동안 쌓여 있던 여러 문제들이 불거지면서 시위는 짧은 시간에 전국적으로 전개되었다. 국회의장과 총리가 사임하고 자파로프 총리 내각이 출범하는 등 정계는 요동쳤다. 비슈케크에서 부정 선거를 규탄하는 반정부시위가 발생하면서 강제 진압하는 경찰과 충돌하여 부상자가 속출한다. 격분한 시위대는 대법원과 의회를 점령해 방화 사태로 번지며 사망자도 발생하게 된다. 이에 키르기스스탄 중앙선관위는 선거 무효를 선언한다. 사태가 확산일로에 놓이고 국민들의 분노가 가라앉기는커녕 점점 더 확대되자 결국 시위가 시작된 지 1주일 만에 젠베코프 대통령은 1년가량 임기를 남겨두고 국민에게 쫓겨 권좌에서 내려왔다.

젠베코프의 퇴진을 강력히 밀어붙인 이는 당시 야당의 젊은 지도자였던 사디르 자파로프와 그의 동료 캄치벡 타시예프였다. 단기간에 권력의 중추 인물로 떠오른 두 사람은 각각 대통령 직무대행과 비상사태부 장관을 맡으며 국정 안정화를 도모한다. 전임자들의 불명예 퇴장을 지켜본 이들은 법을 준수하며 권력을 이양받을 준비를 마쳤고, 2021년 가을 치러진 조기 총선에서 소기의 목적을 달성했다. 초선 의원들이 대거 의회에 입성했고 이들 대부분은 자파로프를 지지하는 세력이 되었다. 마침내 키르기스스탄은 대통령제로의 헌법 개정을 위한 국민투표를 실시했고, 그 결과 권력의 중심이 의회에서 대통령으로 넘어가게 됐다. 2021년 1월 치러진 대선에서 사디르 자파로프 전 총리는 79.3%라는 놀라운 지지율을 기록하면서 압승을 거두어 대통령직에 당선된다.

초대 대통령 때부터 지속되어 온 권위주의와 부정과 부패의 악순환, 권력과 금력으로 얼룩진 비리와 부정 축재, 부정 선거의 사이에서 아슬아슬하게 줄타기하듯 30년 세월을 이어온 키르기스스탄 민주주의 변천사를 보면 시사하는 바가 크다. 국가 정책을 수행하는 과정에서는 국민의 지지를 받는 정책이 있는 반면에 지지를 받지 못하는 정책도 당연히 있을 수 있다. 그런 와중에서 지난 30여 년 동안 이런 정치적 대변혁을 몇 번이나 직접 경험하면서 오늘의 민주주의를 이룬 키르기스스탄 국민들이 자기 나라에 갖는 자긍심이나 애국 정서는 실로 대단하다.

외국 언론매체들로부터 구소련 붕괴 이후 CIS 국가 중 98년 가장 먼저 WTO 가입하여 대외적으로 개방한 나라, 잦은 정권 교체 탓에 높은 수준의 민주주의를 실현한 나라, 동급 GDP 국가 중 시민사회의 힘이 가장 강한 나라, 경제 발전이 선행되어야 시민권리 의식이 높아진다는 일반 상식을 뒤엎은 나라… 등의 예찬을 받으면서 키르기스스탄은 지금 중앙아시아 민주주의의 선봉에 우뚝 서 있다.

롤러코스터
내 인생 …

부끄럽지만
용기를 내서 밝히는 내 인생

돌이켜보면 나는 참으로 기복이 심한 삶을 살아왔다.

태어날 때는 나는 분명 금수저였다. 유치원을 다녔으며 지금도 꽤나 유명세를 자랑하는 사립초등학교를 다녔다. 집에 가정교사도, 자가용도 있었으니 금수저가 분명했다. 어떤 연유에서 아버지의 운수업이 하루아침에 침몰했다.

중학교 때는 그야말로 밥을 먹으러 학교에 갔다. 급식은 꿈도 못꾸던 시절이었다. 도시락을 나눠 먹는 급우들 덕분에 점심 끼니가 해결될 정도였다. 누가 대들면 쥐어박거나 싸웠다. 눈만 마주쳐도 으르렁대며 싸웠다. 작은 체구였지만 또래들과의 싸움에서 져 본 기억은 없을 정도로 재빨랐다. 따로 싸움 기술을 배우진 않았지만 소문난 싸움꾼이었던 형의 영향이 컸다. 싸움이 잦다는 것 말고는 성적도 우수했고 책도 많이 읽고 운동도 잘했고 의외로 친하게 지내는 친구들이

많아 정학 처벌을 면한 적도 몇 번이나 있었다. 인문계 고등학교는 꿈
도 꾸지 못했다. 명문이었던 상업학교에 시험을 쳐서 입학했다. 성적
도 상위권이어서 수업료도 거의 면제를 받고 다녔다. 졸업 직전에 은
행에 취직했다. 국책은행 원서를 받았지만 시야에서 벗어나지 말라는
형의 일갈에 지역 지방은행에 취직했다. 고졸 신입행원이었지만 첫 근
무지는 본부부서인 국제영업부였고, 넉 달 만에 종합기획부로 발령이
났다. 그 부서에 고졸 사원은 나 혼자뿐이었다. 군대를 다녀와서도
국제부와 자금부 등 본부부서 위주로 근무했고 동경사무소 파견근
무도 했으니 소위 잘 나가는 은행원이었다.

　　벽돌만큼이나 큼직한 카폰이 나오더니 금세 휴대폰이 나오기 시
작했다. 삼성 제품보다 노키아나 모토롤라의 제품을 더 알아주던 때

였다. 처음 휴대폰을 본 순간 "저게 앞으로 세상을 바꾸겠구나" 하는 느낌이 딱 왔다. 친하게 지내는 친구가 같이 대리점 사업을 하자고 했다. 모두의 반대를 무릅쓰고 과감히 사표를 냈다.

휴대전화 사업을 시작도 하기 전에 친구의 업체가 부도가 났다. 잘나가던 은행원도 나락으로 추락했다.

퇴직금, 살고 있던 아파트, 모아둔 자금은 흔적도 없이 공중분해되어 버렸음에도 녀석의 대출 보증, 내 이름으로 해준 대출금, 다른 빚 보증 등의 폭탄은 쉬지 않고 내게 집중 투하되었다. 서른다섯 살 즈음이었다.

밤새 파지나 빈 병을 주워다가 고물상에 팔아서 끼니를 때웠다. 피서철엔 체증 심한 길에서 뻥튀기나 생수도 팔았다. 새벽 3시에 일어나 동해 울진까지 가서 대게를 사다가 시내 횟집에 납품하기도 했다. 시골 지인의 정미소에서 쌀을 떼다가 아파트에 메고 다니며 판매하기도 했고 대리운전 알바도 뛰었다. 전라도 진도의 인척이 김과 멸치를 후불로 무한 공급해줘서 백화점 등에 납품하는 등 처절하게, 치열하게 버티면서 큰돈이건 푼돈이건 버는 족족 은행에 갖다 바쳤다. 그래도 언 발에 오줌 누기였다. 모든 게 혼란스러웠다. 스스로 세상을 버릴까 생각한 적도 수백 번이었다. 그때마다 제동을 건 건 가족이었다. 아이들 얼굴이 겹쳐지며 생각을 접기를 역시 수백 번 했다. 반대 차선에서 큰 차가 넘어와 내 작은 화물차에 정면으로 부딪쳐 주기를 바란

적도 한두 번이 아니었지만 끝끝내 그런 일은 생기지 않았다.

2001년, 40년 동안 살던 고향을 떠나 단신으로 서울로 왔다. 물불 가리지 않았다. 가릴 여유도 없었다. 일했다. 눈만 뜨면 일했다. 전봇대에 붙은 운전기사 모집 광고를 보고 찾아갔다. 일본인 관광객과 가이드를 태우고 서울 시내 관광을 하는 봉고차 운전을 시작했다. 미리 지정된 식당으로 태우고 가서 비빔밥이나 불고기 등의 한식을 먹고, 남대문이나 명동의 짝퉁 가게에 들렀다가 장안평 일대에 있는 퇴폐 사우나, 밤이면 강남의 룸싸롱… 전혀 다른 세상이었다.

한 달쯤 지난 어느 날 나를 눈여겨본 일본인이 함께 일해 볼 의향이 있느냐는 연락이 왔다. 찬밥 더운밥, 물불 가릴 처지가 아니었다. 남대문과 동대문에서 그가 원하는 액세서리류를 대신 구매해주고 검품 후 발송하는 에이전시 일은 그렇게 시작되었다. 1년이 순식간에 지나고 2002년 한일 월드컵이 개최되었다. 생중계를 한 번도 제대로 못 봤을 만큼 바빴다. 김포공항 근처 재개발로 빈집이 된 낡은 아파트에서, 주워 온 책상 하나와 중고 팩스로 시작한 사무실을 마포대교 옆 전망 좋은 오피스텔로 옮긴 날은 감격이란 게 어떤 건지 실감할 수 있는 날이었다.

태산처럼 꿈쩍도 않던 빚이 조금씩 줄어들기 시작했다. 용인에 전세집을 얻어 지방에 떨어져 살던 식구들을 불렀다. 용인에서 남대문 사무실까지 출퇴근 시간이 아까워 1년 만에 집도 시내 중심가로 이

사했다. 남대문시장 도매상가 안에 가게도 마련했다. 면목동이나 석관동 쪽의 작은 공장으로는 주문 물량을 조달하는 게 역부족이라 중국을 오가기 시작했다. 한 달 절반은 중국에, 절반은 서울에서의 생활이었지만 좋고 나쁨을 논할 겨를조차 없었다.

새옹지마! 세무조사가 나왔다. 10년 동안 죽어라 고생해서 다 갚은 남의 빚보다 더 많은 금액을 세금으로 납부해야만 될 처지가 되었다. 애들 공부시키고 밥은 먹고 살았지만 호의호식을 한 적도 없고, 그만큼 벌지도 못했지만, 을이 아무리 발버둥치고 항변해 봤자 갑은 요지부동 막무가내였다. 일본으로 보낸 물품의 부가세를 납부하고 나중에 환급 받으면 되는데 아예 안 내고 안 받으려 한 내 무지의 대가였다. 너무 혹독했다. 머리카락이 한 움큼씩 빠지고 머리속에 벌레가 휘젓고 다니는 것 같은 두통을 앓을 만큼 데미지 큰 시련이었다. 결국 결코 적지 않은 액수의 세금과 추징금을 내고 간신히 매듭을 지었다. 무기력증에 빠졌다. 사람 만나는 것도 무서워졌고 세상이 싫어졌다. 오랫동안, 중학교 때부터 꿈꾸어 온 세계여행을 떠나기로 했다. 조치원 외곽에 전세 아파트를 얻어 서울 집의 세간살이를 전부 옮겼다. 전세 자금을 빼서 그렇게 여행을 떠났다.

16개월이 넘는 기간 동안 서울 번호판을 단 내 차로 아내와 막내와 함께 다녔다. 시베리아와 몽골을 거쳐 카자흐스탄과 키르기스스탄, 파미르고원의 타지키스탄을 넘어 다시 러시아를 가서 유럽으로 넘어갔다. 영국에서 차를 배편으로 브라질로 보낸 후 남미의 땅끝 우수아이아까지 달렸다. 안데스산맥을 넘나들며 남미와 중미의 대부분의 국가를 거치며 북미로 넘어와 미국과 캐나다를 돌아보고 샌프란시스코 항구에서 차를 한국으로 실어 보내고서야 여행을 마쳤다.

귀국 후 아내가 대출을 받아 일산 중심가에 북카페를 오픈했다. 의외로 반응도 좋았고, 나날이 손님이 늘어났다. 몇 번 방송 출연이 이어지고 언론에 소개되자 강연 요청이 줄을 이었다. 기업체, 자치단체, 동호회, 학교 등을 다니며 내 경험을 전하고 꿈을 심어주니 사람들 눈빛이 달라지는 걸 느낄 수 있었다. 예상외로 넉넉했던 강연 수입도 좋았다. 내가 김찬삼 교수님께 영감을 받아 여행을 다녔듯 젊은 청춘들에게 너른 세상으로 나설 용기와 희망을 주고 싶어 재능 기부를 하기로 작정하고 틈틈이 전방 부대를 다니며 강연도 시작했다. 내 여행 이야기에 군인들도 환호했다.

호사다마! 이어지던 강연 요청이 딱 끊겼다. 예정된 일정도 전부 취소되었다. 붐비던 아내의 북카페도 손님 발길이 딱 끊겼다. 찾아오는 고객을 상대로 영업을 해도 벌금을 물어야 하는 사상초유의 사태가 시작되었다. '코비드19' 혹은 '신종 코로나' '팬데믹'… 듣지도 보지도 못한 상황이 벌어지면서 영문도 모른 채 다시 추락했다.

시베리아와 몽골, 카자흐스탄과 키르기스스탄, 타지키스탄, 러시아, 유럽,
남미, 중미, 북미를 넘어 미국과 캐나다 등 16개월 여정을 함께 했던 서울 번호판의 내 차

    세계여행을 떠나기 전 서귀포 바닷가에 친구와 같이 땅을 조금 사
두었다. 레스토랑과 카페를 지어 느긋한 노후 생활을 시작하기로 하
고, 서울 생활을 정리하고 제주로 내려갔다. 공사를 시작하자마자 또
엉클어지고 꼬여버렸다. 불투명한 경비 집행과 납득할 수 없는 지출
방식 등이 계속 이어졌다. 제대로 해명도 개선도 되지 않아 자주 충
돌하다가 결국 갈라섰다. 첨예하게 대립하면서 또 다시 친구라는 존

재 때문에 몸과 마음이 상하는 현실이 더 싫고 더 치욕스러웠다.

만신창이가 된 나를 치유할 수 있는 건 몰입뿐이었다. 일에 빠졌다. 지인의 소개로 밀감밭을 임대해 귤 농사를 시작했다. 한라봉도 시작했다. SNS를 통해서만 판매를 했는데 나날이 입소문이 나고 단골들이 늘어가면서 매년 완판을 거듭하게 되었다. 그저 감사했다. 그 와중에 틈이 나면 나무에 빠져 들었다. 생전 배운 적도 없고 만진 적

도 없는 목공이었지만 나무가 아니었으면 난 제주에서 미쳐버렸을지
도 모른다. 자르고 깎고 다듬고 사포질을 하다 보면 몇 시간은 그야
말로 순식간에 지나갔다. 죽은 나무를 다듬어 고래 조각으로, 고양
이 조각으로, 혹은 펭귄 조각으로 만들어 형상을 갖추는 단순한 행
위가 아니었다. 내가 만든 고래와 고양이, 펭귄들이 오히려 내게 새로
운 세상을 이어주고 인내의 가치를 가르쳐 주었다.

　이태 전에 135일 동안 7대의 자동차로 30명의 대원들과 함께 유럽
을 다녀왔다. 유라시아 평화원정대 대장으로서, 비록 무위로 끝났지
만 2030 부산 엑스포 유치를 위한 홍보대사로서 원정대를 이끌고 떠

난 43,000km의 대장정이었다. 이때도 가족들 생각보다는 작업하다가 두고 온 나무들이 더 많이 생각났다.

롤러코스터를 탄 것처럼 기복이 심한 순간들로 엮여져 온 내 인생이다. 자의든 타의든 도저히 일반적이라고는 말할 수 없을 만치 다양한 상황들을 겪으며 여기까지 왔다. 지나온 과정을 되돌아보면서 나도 모르게 스스로 미소 짓게 되는 순간들이 있다. 여행의 시간들을 추억할 때가 바로 그런 순간들이다.

누구나 그러하듯이 나 역시 언제 지구별을 떠날지 모른다. 내가 눈을 감는 날 내 인생 보람차게 잘 살았다고, 아름답고 멋지게 잘 살았다고 할 수는 없을 것 같다. 하지만 그때 모든 걸 내려두고 여행을 떠난 건 정말 현명한 선택이었노라 말할 수는 있을 것 같다. 내 인생에서 즐겁고 좋았고 신났던 시간들은 대부분 여행과 연관되어 있으므로….

힘들고 고된 사람들에게 『우리 시대의 영웅』의 저자 미하일 레르몬토프Michail Lermontov가 했던 얘기를 들려주고 싶다

"나의 지금 삶은 나날이 더 황폐해지고 있다. 이제 마지막 한 가지 수단만 남았다. 여행을 떠나는 것뿐이다."

비슈케크 Bishkek

즐겁고 재미있는,
아름다운 도시

. . . .

　비슈케크는 키르기스스탄의 수도이다. 1926년에 키르기스 소비에
트 사회주의 공화국의 수도로 지정된 이래 지금까지 그 자리를 지키
고 있다. 연방 시절엔 이 지역 출신의 공산주의자 총독인 미하일 프룬
제 장군의 이름을 따서 '프룬제'라고 불린 적도 있었고 '피쉬펙'으로도
불렸다. 1991년 독립과 동시에 수도 이름도 '비슈케크'로 바뀌었다. 비
쉬케크, 비쉬퀵 등 여러가지 이름으로 불리고 있지만 우리나라 외교
부의 공식 문서에도 비슈케크Bishkek로 명시되어 있다.

　도시 인구는 2023년 통계로 약 120만 명이다. 당연히 이 나라 최
대의 도시이며 정치와 경제, 문화와 교육의 중심 도시이다. 비슈케크
라는 말은 말의 젖을 담는 양가죽 포대를 뜻한다고 한다. 가장 소중
한 식량을 보관하는 그릇을 일컫듯이 키르기스스탄에서 제일 중요한
지역이라는 것을 상기시키자는 의도로 지은 이름이 아니었을까 하

고 혼자서 추론해본다. 이 나라 두 번째 도시인 오쉬의 인구가 33만 명 정도이니 얼마나 크고 중요한 도시인지 알 수 있다. 하지만 수도로서의 역사는 비교적 일천하다. 1878년 러시아제국 군대가 군사적 요충지임을 간파하고 주둔지를 건설한 것이 이 도시의 시초이다. 불과 150년 정도의 역사이다. 키르기스인들이 원래부터 한 곳에 머무는 정주 문화가 아닌 떠돌이 유목민 생활을 해 왔던 것도 도시 역사가 일천한 이유이다. 역사상의 기록이 일천하다는 얘기지 이곳에 사람이 거주하지 않았다는 건 아니다. 기원전부터 인간이 거주한 흔적과 유물들이 지금도 발굴되고 있다. 키르기스스탄이 지리적으로 아시아와 유럽의 연결 지점이며, 실크로드의 중심지 역할을 맡아온 도시라는 건 이미 모두 알고 있는 기정사실이다.

비슈케크는 아름다운 도시이다

온통 산으로 둘러싸인 도시이다. 야트막한 산도 아니고 3,000m가 훌쩍 넘는 높은 산들이 도시 남쪽을 병풍으로 에워싼 듯 둘러싸고 있다. 시내에서도 남쪽으로 갈수록 고도가 높아진다. 도시의 평균 해발 고도가 770m이니 이미 서울의 청계산 정상보다 높이 올라온 셈이다. 고산도시라서 좋은 점도 많다. 비슈케크 어디에서나 당장이라도 찾아가 보고 싶은 멋진 산이 보이고, 그때마다 자연의 아름다움을 마주할 때 느끼는 감동을 맛볼 수 있다. 여름철에는 날벌레는 있지만 지긋지긋 성가신 모기가 없는 점도 비슈케크의 매력이다이 점은 키르기스스탄 전체의 매력이기도 하다.

여름철엔 기온이 35도를 넘기는 날도 자주 있을 만큼 더운 기온이지만 습도가 거의 없으니 그늘만 찾아가도 견딜 만하다는 점도 아주 매력적이다.

비슈케크는 카자흐스탄과 국경에 인접하고 있다. 국경에서 불과 25km의 거리에 있는 국경도시이다. 이웃나라 카자흐스탄은 1997년에 수도를 알마티에서 1,200km 북쪽으로 떨어진 누르술탄으로 옮겼다. 이때 이전하는 이유 중 하나가 수도가 국경 지대라 불리하다는 점을 주장했던 사실을 상기해보면 재미있다. 키르기스스탄과 카자흐스탄의 국력을 비교해보면 무엇이 불리했을까 궁금하다.

비슈케크는 주체성이 강한 도시이다

시내 중앙에 알라투Ala too 광장이 있다. 꽤나 넓은 공간으로, 국가적 중요 행사는 대부분 이곳에서 치러진다. 광장 가운데 키르기스스탄의 독립 영웅 마나스 동상이 있다. 소비에트연방이었던 시절에는 레닌 동상이 그 자리에 있었으나 1991년 독립과 동시에 기단은 그대로 두고 마나스 동상이 그 자리에 올라섰다. 동상 바로 옆에 무려 45m 높이의 국기 게양대가 하늘을 찌를 듯한 위용으로 자리하고 있었는데 2024년 현재 이 게양대를 100m 높이로 더 올리는 공사가 한창 진행중이다. 문득 예전에 판문점에서 북측과 우리측이 서로 국기 게양대 높이로 치졸하게 경쟁했던 나의 군대 시절의 기억이 떠올랐다.

이 알라투 광장을 중심으로 반경 1km 안에 승리 광장Victory Square, 혁명 광장Ala Too Square, 국회의사당, 국립 미술관, 국립 서커스 극장, 모스크, 판필로프 공원, 오크파크, 국립 오페라 발레 극장 등 이 도시의 주요 정부 기관과 명소들이 다 집결해 있다. 이는 비슈케크 시내는 하루 정도면 거의 다 돌아볼 수 있다는 뜻이기도 하다. 의사당 중앙 건물에 '2010년 4월 7일, 전제주의 통치에 반대하고 민주주의와 자유, 주권을 위해 목숨을 바친 애국자 86명이 총살을 당한 곳'이라 기록되어 있는 걸 보면서 자유를 쟁취하기 위한 사투의 흔적이라는 생각을 해본다. 의사당 건물을 나와 인근 승리 광장에서 근위병 교대식을 관람하는 것도 인상적이다. 이 교대식은 매시간마다 진행되는데 근위병

알라투 광장

들의 다리가 허벅지 높이에 맞춰 딱딱 직각을 만들면서 허공을 차듯
하는 경직된 자세를 볼 수 있다. 그 모습을 보면서 모두들 재미있어
하는데, 나는 왜 저렇게 오버액션을 할까? 저게 절도 있는 군인의 본
래 모습일까? 의아스러워하니 내 의식에 문제가 있는 건가 자문하게
된다.

비슈케크는 물가가 저렴한 도시이다

특히 먹거리와 식품류가 싸다. 그 중에서도 과일 값은 상상을 초월할 만큼, 신이 날 만큼 저렴하다. 버스값이나 무궤도 차량 요금도 착하다. 식당의 대부분 음식 값도 기분 좋은 수준이다. 그렇지만 최근 호텔의 숙박비가 너무 올랐다. 이웃 카자흐스탄의 영향을 많이 받은 탓일까 카자흐스탄의 알마티를 발전 롤모델로 삼고 있다고 하지만 알마티의 비싼 숙박비 체계를 가장 먼저 배워 온 것 같아 씁쓰레한 느낌을 지울 수가 없다.

명실상부 비슈케크 물류의 중심지이며 여행객에게도 가장 인기 있는 장소인 오쉬 바자르도 시내 중심부에 있다. 시 외곽으로 이전 계획이 진행 중이다. 키르기스스탄에서 가장 큰 시장인 만큼 빠뜨려선 안 될 장소이다. 한때 키르기스스탄의 수도 역할을 한 서남부에 있는 도시 오쉬이름을 본 따 시장 이름으로 한다는 설과, 오쉬 출신들이 이곳 비슈케크로 와서 모여서 장사를 하고 있기 때문에 붙은 이름이라는 설이 있다. 진위 여부는 확인할 수도 없고 그런 건 별로 중요하지도 않다.

오쉬바자르 과일가게

　　키르기스스탄에서 가장 큰 물류 시장답게 활력이 넘치면서 사람
냄새와 생동감이 흠뻑 느껴지는 곳이다. 곳곳에 외모로는 우리와 거
의 구분하기 힘든 고려인들이 김치를 파는 가게도 몇 군데나 있어 반
갑다. 하지만 김치 맛은 우리 입맛에 익숙한 그런 맛이 아니니 너무
크게 기대하지 않는 게 좋다. 여행 일정에서 오쉬 시장을 먼저 오게
되면 간식류 구입을 적극 권한다. 특히 말린 살구나 호두, 피칸 등 한
국에서는 비싸거나 귀해 평소 잘 먹을 기회가 없었던 견과류를 강추
한다. 봄이면 납작 복숭아, 여름에는 수박이나 멜론 등을 택하면 맛

에서도 가격에서도 절대 후회하지 않을 것이라고 장담한다.

비슈케크는 재미있는 도시이다

이슬람국가이지만 슈퍼마켓에 가면 보드카, 맥주나 와인 심지어 꼬냑과 위스키도 얼마든지 구할 수 있다. 가격도 맛도 무척 착하기에 주당들에게는 천국과 같은 곳이 될 수 있다. 우리나라와 종교적인 문화는 차이가 나지만 민속적인 측면에서는 씨름이나 술래잡기, 고시레전통놀이, 몽골반점, 어른을 공경하는 사상 등 우리와 닮은 점이 너무 많아 놀랄 정도이다. 복식 차이가 아니라면, 목욕탕에서 입 다물고 있으면 한국인인지 키르기스스탄 사람인지 구분이 힘들 만큼 외모가 비슷한 점도 친근스럽다.

비슈케크는 녹지대가 많은 도시이다

이 도시에는 의외로 시설 좋은 공원이 많다. 소비에트연방 시절에 국가의 권위로 강제성과 계획성 아래에서 만들어진 부러운 공간이다. 1959년에 만들어진 국립 오페라 발레 극장이 있고 그 맞은편엔 국립 현대미술관이 있다. 미술관 옆으로 조성된 숲길을 따라 가면 오크 공

비슈케크 시내의 가로수는 대부분 자작나무와 백양나무이다.

비슈케크 오크 공원

원이 나온다. 참나무Oak가 많이 자라고 있어 붙여진 이름인 것 같다. 오크 공원은 단순한 산책이나 휴식 공간만이 아니고 야외 조각공원이기도 하다. 꽤 많은 종류의 작품들이 전시되어 있다. 이 나라의 유명 남성 발레 댄서인 촐폰벡 바자르바예프Cholponbek Bazarbayev 동상도 있다.

어느 공원에 가더라도 아베크족도 많고 가족 단위로 온 사람들로 넘쳐나는 걸 보면 치안 상태도 꽤 괜찮다는 걸 느낄 수 있다. 이 도시에서 밤중에 다녀도 불안하다는 느낌을 받은 적이 별로 없다. 직접 다니면서 느끼는 체감 치안 상태는 분명히 양호하고 경계심도 별로 생기지 않는데 이곳의 상점이나 주택들의 외형은 꽤나 폐쇄적이다. 담장도 높고, 철문도 높다. 담장 위의 철조망이나 창틀에 연결된 창살들은 날카롭고 위협적이다. 안전을 기대하는 예방 정서일까? 예전에 치안이 나빴던 시절 몸에 익은 보호 본능일까?

구시가지 쪽을 다녀보면 비슈케크의 시간은 소련이 해체되던 1991년에 머물러 있는 듯하다. 별 특징 없이 크고 넓기만 한 직선 도로와, 거친 대리석으로 표면을 마감한 공공 건물이 내부 안뜰을 둘러싸고 있는 러시아식 아파트 단지를 도시 곳곳에서 만날 수 있다. 하지만 도심을 벗어난 외곽은 하루가 다르게 변하고 있다. 마치 우리나라의 수도권 신도시에 온 듯 착각할 만큼 곳곳에 고층 아파트들이 들어서고 있어 전혀 다른 세상에 온 듯한 기분이 들 정도이다. 번잡한 도시가 주는 황폐함과 피로가 싫어 대자연을 만나러 키르기스스탄에 왔는데 여기서도 콘크리트 덩어리들을 보는 게 힘들어 빨리 도시를 벗어나 산이나 계곡으로 나가고 싶다는 생각이 간절하지만 도심을 지나쳐야 밖으로 나갈 수 있으니 어쩔 수 없다. 답답함을 겉으로 표시 내지 말고 조금만 참고 교외로 나오는 순간 진정한 대자연의 진수를 만날 수 있는 곳이 키르기스스탄이라는 사실을 기억하자.

비슈케크는 부러운 도시이다

아이들이 많아 부럽고, 학생들이 많아 부럽고, 학교가 많고 박물관이 많아서 부럽다. 길거리에서 임산부들을 자주 볼 수 있는 것도 부럽다. 가난한 나라지만 문화와 예술을 사랑하고 실천하는 모습도 부럽다. 우리나라에 아직 없는 오페라 전용극장이 비슈케크에는 이미 1959년에 세워진 이래 지금까지 발레나 뮤지컬 등의 공연이 이어지고 있다 1988년에 준공된 서초동 예술의 전당에 있는 오페라 극장은 오페라만 공연하는 전용극장이 아니다. 이 오페라 극장에서 2023년 우리나라의 오페라 '논개'가 공연되었는데 전회 매진, 전회 만석이었다. 이 극장 광장에는 키르기스스탄 최초의 발레리나 부부사라 베이셰날리예바Bubusara Beishenalieva의 동상이 있다. 지금은 사라졌지만 과거 5솜짜리 지폐가 유통될 때 그 지폐에 그녀의 얼굴이 실려 있었다. 이 나라에서는 예술인이 어떤 대접을 받고 있는지 쉽게 알 수 있어 또 부러웠다.

키르기스스탄은 국가별 GDP나 개인당 GNP나 GDP, 다른 어떤 경제적 부문으로 비교해보더라도 우리나라와는 차이가 많이 나는 경제 빈국이다. 그렇지만 인구 대비 미술관이나 박물관 비율 등은 우리보다 높은 수준이다. 바꾸어 얘기하면 우리보다 더 많은 문화 혜택을 누리고 있다는 말이기도 하다.

나는 이렇게 이 도시가 부러운데, 정작 이 도시의 많은 사람들은 한국을 부러워하고 K-드라마를 즐기고, K-POP을 좋아하고, 라면이나

5솜짜리 구지폐의 부부사라(키르기스스탄 최초의 발레리나)

떡볶이를 비롯한 한국의 음식을 선호하고 한국 사람을 좋아한다. 학
생들이나 젊은이들의 한국어를 배우려는 열의가 다른 어떤 나라, 어
느 도시보다도 드높으니 세상은 아이러니하다.

비슈케크 시가지를 다니다 보면 이 도시 사람들은 서울처럼 치열
한 생존 경쟁 속에서 아등바등 처절하게 사는 것 같지 않고 여유작
작하게 느껴져 부럽다는 생각도 든다. 아마도 그건 내가 그들 내부
사정을 속속들이 알지 못하는 외부인이기 때문에 갖게 되는 무지일
지도 모른다. 호수 위 오리들이 평화롭게 노닐지만 물속의 두 발은 쉬
지 않고 움직이고 있다는 것을 잘 모르는 것처럼. 그렇지만 서울에서
정신없이 지내던 내가 이곳에 오면 이 느슨함과 여유로움을 부러워하
면서 그걸 만끽하고 있다는 사실은 부정할 수가 없다.

오쉬 Osh

남쪽의 수도

••

———

"파미르 산계의 알타이 산맥에서 북쪽으로 흐르는 아크부라강이 페르가나 분지로 나오는 출구에 있으며, 안디잔에서 오는 철도 지선의 종점이다. 또 파미르 고원으로 가는 자동차 도로의 시발점이기도하다. 9세기부터 알려져있으며, 인도·중국으로 통하는 교역로로서 번영하였다. 견직물·면직물·전기기구·피혁·식품가공 등의 다양한 공업이 이루어지고, 교육대학·종합기술전문학교 등이 있다. 시의 서부에 '솔로몬의 왕자'라는 언덕이 있어서 옛날부터 이슬람 교도의 순례지이다."

———

이 나라 제2의 도시 '오쉬'를 네이버 지식백과에서 검색하면 이렇게 나온다. 뜬구름 잡는 식으로 대충, 게다가 맞춤법이나 띄어쓰기조차 몇 군데나 틀리게 설명하고 있어 무성의하다는 생각이 들 정도이다.

오쉬는 해발 1,000m 페르가나 분지에 위치해 있고 중앙아시아 고산 지역 중에서는 비교적 낮은 곳에 위치하고 있어 실크로드 서역 남로의 경로에서는 많은 카라반들이 선호하는 오래된 정착지 중 한 곳이다. 또 무려 3천 년의 역사를 가진 고대 도시이다. 중국과 유럽을 잇는 실크로드에서 정중앙에 있는 도시이다.

　옛날 원정길에 나선 솔로몬왕이 이곳에 와서 너무 힘들어서 한숨을 쉬었기에 이 도시 이름이 '오쉬'가 되었다는 전설이 있다. 한숨을 내쉬는 걸 이곳 말로는 오쉬라고 한다. 우즈베키스탄의 전통요리 볶음밥 이름도 오쉬이다. 발음도 철자도 똑같다. 우즈베키스탄에서 불과 10km 정도의 거리에 있어 분쟁이 발생할 때마다 긴장감이 맴도는 미묘한 도시이다.

시의 북쪽 외곽 우즈베키스탄과의 국경에 인접한 곳에 국제공항이 있다. 국제공항이라고 하지만 수도 비슈케크로 가는 국내선 비행기가 주종이다. 하루 다섯 편 정도 운행한다. 비슈케크까지는 직선거리 400km로 비행시간은 불과 45분 남짓이면 닿는다. 하지만 이 도시에서 육로로 북쪽의 수도로 가는 길은 험난하기만 하다. 두 갈래의 길이 있는데 묘하게 어느 쪽도 750km 정도의 거리이다. 자동차로 쉬지 않고 달린다 해도 13시간 이상 걸릴 정도라니 도로 상황을 쉽게 짐작할 수 있다. 그나마 지금은 도로 상황이 많이 좋아진 상태이다. 수년 전에 이 길을 꼬박 이틀 동안 달려서 도착한 적이 있다. 지금도 키르기스스탄의 첫 번째 도시인 수도 비슈케크와 두 번째 도시인 이곳 오쉬를 잇는 정규 운행 버스는 없는 걸로 알고 있다.

세계문화유산으로 지정된 슐라이만 투 Suleiman Too 산에 올라 오쉬 시내를 한눈에 내려다볼 수 있다. 이슬람의 예언자 무함마드가 이곳에서 기도를 올렸다는 사실만으로도 수백 년 동안 이슬람의 성지로 사랑받아 온 곳이다. 이 산에 있는 여러 개의 동굴에서 기도를 하면 병이 치유된다거나 아들을 얻을 수 있다는 소문이 있어 사람들의 발길이 끊이지 않는 곳이다. 이 좁은 기도 동굴이 수천 년 동안 질병을 치료하는 사람들에게 성스러운 장소로 숭배되어 왔다는 사실에, 또 그들의 그 아픔과 간절한 바람이 어느 정도였을까 생각해보니 경건

한 마음이 들어 저절로 옷깃을 여미게 된다.

정상에는 동굴로 된 박물관이 있다. 지정학적으로 실크로드 한가운데 위치하며 여러 민족의 발길과 문화가 뒤섞인 탓인지 불상을 비롯한 유물들이 전시되어 있는데, 중국과 인도 그리고 아랍 국가의 느낌이 동시에 난다. 이슬람풍의 물건인데 도무지 용도를 알 수 없는 유적들도 전시되어 있다. '술라이만 투산'이라는 이름을 현지인들은 솔로몬산이라고 줄여 부른다. 잘못 들었나 싶어 다시 물었더니 솔로몬산이 맞다고 대답한다. 솔로몬 왕이 이곳에 세 번이나 다녀갔고, 이곳에 오르면 솔로몬 왕의 지혜를 얻을 수 있기 때문에 사람들이 많이 온다고 신이 나서 이유를 설명한다.

오쉬주州의 수도, 위키백과에는 인구 25만여 명으로 되어 있으나 2023년 키르기스스탄 정부 발표에 의하면 33만여 명이다.

2010년 이 도시에서 해묵은 인종 문제가 원인이 되어 큰 분쟁이 일어났다. 우즈베크계 민족과 키르기스계 민족 간의 충돌로 400명이 넘는 사람들이 목숨을 잃었다. 10만 명이 넘는 우즈베크계인들이 인접한 국경을 넘어 긴박하게 탈출했다. 당시 오쉬를 포함한 오쉬주州의 인구는 약 120만 명 정도였는데 그중 60%가 키르기스인이었고 우즈베크인들은 약 25%에 불과했다. 그렇지만 오쉬시市의 인구 구성은 키르기스인이 25%에 못 미쳤는데 비해 우즈베크인은 약 50%에 달했다고 한다. 또 이렇게 도시인구의 절반 정도 되는

오쉬 슐라이만 투

우즈베크인들이 도시 대부분의 경제를 장악하고 있었던 게 사건의 불씨가 되었다. 인구 비율로는 훨씬 더 많은 키르기스인들은 거의 산악지대에서 유목생활을 하는 반면 우즈베크인들이 도시에서 거주하며 상업 활동에 종사하여 부유한 생활을 하는 것에 불만을 품어왔다. 대조적으로 우즈베크인들은 자신들의 경제적 규모에 비해 사회적·정치적 지위가 보장되지 못한 것에 불만을 품고 오쉬 내에 우즈베크 자치지역 설립을 요구했다. 이것이 계기가 되어 극하게 대립하다가 결국 충돌하게 된 것이다. 세계적으로 주목을 받은 큰 사건이지만 이 사건의 도화선은 따로 있었다.

1991년, 독립하기 전에는 이 두 나라는 소련의 변방이었다. 1990년 5월, 아이마기Aimagy라는 키르기스계 민족주의 단체가 오쉬 지역의 우즈베크인들의 집단 농장 이양을 요구했다. 지역 당국이 이를 허락하자 우즈베크인들이 격분하며 대규모 유혈 충돌 사태로 확대되는 사건이 있었다. 그 결과 약 1,200여 명의 키르기스인이 사망하는, 전쟁 같은 엄청난 사건이 발생했다. 사건 이듬해 소련이 급작스럽게 붕괴되면서 소련이 관할하던 교도소에 있던 우즈베크계 사건 주동자들이 모두 석방되어 버리면서 키르기스계 사망자 가족들의 원한이 20년 동안 쌓여 왔던 것도 이 사건의 꺼지지 않는 불씨였다.

같은 땅, 같은 하늘 아래 살면서… 종교 분쟁이나 민족 분쟁의 소식을 들을 때마다 나는 로미오와 줄리엣을 떠올린다. 윌리엄 셰익스피어는 이 상황을 예견한 걸까? 16세기 사람이니 아마도 그는 이미 그 시절에도 이런 분쟁의 모순을 경험하고 집필했음이 분명하다고 혼자 생각해본다.

카라콜 Karakol

키르기스스탄에서
네 번째 큰 도시에는

· ·

이식쿨호수♣ 동쪽 끝에 위치한 카라콜은 키르기스스탄에서 네 번째
로 큰 도시다. 오래된 지도에는 아직도 프르제발스크Przhevalsk로 표기
되어 있다. 1888년, 러시아의 지리학자이자 탐험가인 니콜라이 프르
제발스키1839~1888가 황제의 명을 받들어 동방을 탐사하다가 이곳에
서 장티푸스로 사망했다. 1939년, 그의 업적을 기리기 위해 프르제발

♣ 이식쿨호수 남쪽의 쿰토르 금광에서만 한해 약 15톤의 금이 생산된다고 한다. 15톤은
15,000kg이다. 하루에 40kg, 매일 한 양동이 만큼의 금이 생산된다는 이야기다. 실로 대단한
양이다. 개인적인 생각이지만 이런 것 때문에 이 나라의 정치가 복잡한 과정을 거쳐왔고, 정치
인들이 대부분 부정과 비리에 연루되어 있지 않나 생각한다. 나는 키르기스스탄의 잠재력이 어
마어마하다고 여긴다. 쿰토르 금광에서 일 년에 15톤의 금이 생산되든 말든 상관 않고 국토 전
체에 고루 분산되어 있는 관광 자원만 잘 활용하고 육성해도, 예를 들어 송쿨호수 일대를 국
립공원으로 지정하고 엄격하게 보존 관리하여 잘 홍보하면 그것 하나 만으로도 키르기스스탄
720만 국민 전체가 얼마든지 잘 먹고 잘살 수 있을 것이라고 장담한다. 이런 면에서도 키르기
스스탄은 내게 진정 부러운 나라이다.

스크로 명명했다가 1991년 독립과 함께 카라콜로 도시 이름이 바뀌었다. 이식쿨호수 바로 옆이라고 평지라고 생각하기 쉽지만 도시 중심부의 해발 고도는 1,684m이다. 지리산 천왕봉 높이와 거의 비슷한 고도이다.

이 도시는 중국과 접경 지역이라 19세기부터 러시아 군부대가 주둔했던 군사도시였다. 그때 군인들의 기도 장소였던 러시아 정교회의 삼위일체 성당이 관광 명소가 되어 유명세를 타고 있다. 시베리아에서 많이 볼 수 있는 러시아 전통 방식의 목조로 세워진 건물임에도 지붕은 이슬람 양식의 녹색 돔형이라 눈길을 끈다.

―――

"오소독스(동방정교회)는 동로마제국의 국교로서 콘스탄티노플을 중심으로 발전한 기독교의 한 교파이다. 1054년 로마를 중심으로 하는 서

카라콜 동방정교회

방교회와 분리되었는데, 교의 및 의식을 중시하고 상징적·신비적 경향이 강하다. 동유럽과 러시아에서 성하다." _ 네이버사전

카라콜에는 오소독스 말고도 꼭 봐야 하는 종교 건물이 또 하나 있다. 둥간 모스크Dungan Mosque가 바로 그것이다. 1872년에 세워진 오소독스는 러시아 정교회의 성당이지만 둥간 모스크는 이슬람 사원이다. 하지만 다른 중앙아시아 국가나 서아시아의 모스크와는 사뭇 다

카라콜 둥간모스크

르다. 거대한 기둥이나 벽면, 첨탑과 돔형 지붕 등으로 웅장함이나 세력를 과시하는 다른 모스크와는 달리 둥간 모스크는 기와지붕에 목조로 만들어진 단층건물이다. 나무 창틀이나 격자형 창살, 처마 등이 우리 정서에 맞아 무척 포근하고 친숙하다. 중국에서 이슬람을 믿는 둥간족들이 박해를 피하여 이 곳으로 도피해서 1904년에 그들의 전통 양식으로 지은 목조 모스크이다.

대부분의 키르기스인들은 전통을 소중히 여긴다.

나는 지금
몇 시인가?

즐겁고 행복한 때는
언제였나?

내 군번은 13239986이다. 81년 12월에 입대해서 84년 6월에 제대했다. 군번뿐만 아니라 그때 지급받은 M16A1 소총의 총번도 외우고 있다. 8233815!

나는 40년이 지난 지금도 가끔씩 군대 꿈을 꾼다. 잠에서 깨면 혼란스럽다. 청춘 시절의 내 모습, 내 생각으로 내무반 침상 옆에서 불침번을 서는 꿈을 꿀 때도 있는데 눈뜨니 중늙은이가 되어 침대에 누워 있다. 40년이 이토록 빨리 사그라졌다니 그저 허탈하다.

인생 80을 넘어 요즘은 100세 시대라고 한다. 하지만 온건히 자기 의지대로 움직일 수 있는 건 어지간한 사람이면 80을 넘기면 어려울 것 같다. 아침에 일어나서 오늘은 강원도 횡성 장날이니 장터 가서 맛있는 우거지국이나 곤드레 비빔밥을 먹고 오겠다고 맘 먹었다고 치자. 스스로 운전을 해서 횡성까지 가거나, 코레일 앱에서 열차표를 예매하고 서울역에 가서 KTX를 타고 횡성을 가면 된다. 횡성역에 내려 전통시장까지 걸어가면 되지만 젊은 시절에는 아무것도 아닌 그게 나이 80이 되면 결코 쉽지 않을 것이다. 노인을, 어른을 비하하는 게 아니다. 어느 누구도 부인할 수 없는 현실이다.

세상에서 가장 공정한 사실이 두 가지 있다. 누구나 나이를 먹는다는 것과 누구나 죽는다는 사실이다. 40대는 아직 절반밖에 안 왔다고, 50대는 종점이 아직 멀었다고, 60대는 그래도 아직 한참 남았다고 할지 모른다. 나는 지금 60대이지만 금방 80대가 된다는 사실을 잘 알고 있다. 근래에 와선 더욱 실감하고 있다. 남은 시간이 별로 없다는 조급함이 엄습한다. 하고 싶은 일을 하고 살기에도 남은 시간은 부족하다.

하고 싶은 일… 좋아하는 일… 행복해지는 일…. 그 일에 매진하며 남은 인생을 올인하고 싶다.

나는 무엇을 했을 때가 즐거웠나? 나는 어떤 걸 할 때가 행복했나? 나는 지금 무엇을 하고 싶나? 내 경우엔 '여행'이 바로 그것이다.

여행은 남은 내 인생에서 단연코 1순위라고 단언한다.

늘 찍는 입장인데 찍혔다.
키르기스스탄에서는 누구나 인생샷을 찍을 수 있다.

당신은 지금
몇 시인가?

하루살이의
인생

　나는 가끔씩 사람의 80 인생을 하루살이 인생과 비교해 본다. 80 인생을 24시간에 대입시키면 큰 느낌이 온다. 혼란스러울 만치 충격적이다.

　초등학교 입학하는 아이들은 새벽 2시경이다. 아직 아침이 요원한 시간대이다. 학교 공부에 시달리는 고딩이라면 대략 15살 무렵이지만 하루 시계에 대입하면 고작 새벽 4시대를 지나고 있다. 대학을 다니거나 군복무하는 20대라고 해봐야 여명이 밝아오는 아침 6시경이다. 세상 다 아는 것처럼 의욕 넘치는 30대는 하루 일과를 시작하는 오전 9시쯤이다. 공자가 논어에서 불혹이라고 평한 40대라 해도 겨우 한낮 정오를 지나는 셈이다. 50대의 중장년이라면 우리 사회에서는 은퇴가 거론되는 나이이지만 이 시계로는 한참 일과에 열중할 오후

근무시간이다.

60대라면 저녁 식사 시간인 예닐곱 시 무렵이다. 하루가 저물기 시작하는 시간이다. 70대라면 이미 밤 9시경이다. 하루를 정리하는 밤 뉴스를 볼 시간이거나 이른 잠 자는 사람이라면 슬슬 졸리기 시작할 시간이다. 70대라면 그야말로 한밤중이다. 우리 동네는 편의점 말고는 문 열어둔 가게가 없는 그런 심야이다.

나는 지금 몇 시를 지나고 있는 걸까? 당신의 인생 시계는 지금 몇 시인가?

시간이 없다. 짧은 인생이다. 짧디짧은 촌음 같은 인생이다. 여행을 가야겠다고 꿈꾸고 있다면 서둘러야 한다. '내 인생에서 가장 젊은 날이 오늘'이라는 사실을 너무 많이 들어서 매일 매일이 젊은 날로만 이어지는 줄 아는 사람이 의외로 많다. 하루라도 서둘러 떠나야 한다.

'내일'이 '어제'가 되는 건 그야말로 눈 깜박할 새다. '다음주'가 '지난주'가 되는 것도 순식간의 일이다. '다음달'이 '지난달' 되는 것도 앗! 하는 순간이다. '내년'이 '작년' 되는 것도 그야말로 금방이다. 이 말에 공감한다면 당신도 이미 청춘은 아니다.

마르셀 에메의 소설에서처럼 부자가 가난한 사람의 시간을 돈 주고 살 수 있는 세상에 살고 있고, 당신에게 충분한 재력이 있다면 여행 따위는 천천히 미루어도 된다. 하지만 현실은 그런 세상이 아니다.

결국 가장 빠른 시간은 지금이다. 하고 싶은 일이 있다면 더 이상 망설이지 말고 시작하자. 지금 시작하자!

키르기스스탄과 중국과의
관계

상대도 안 되지만
상대할 수밖에 없는

당나라 시인 이태백701~762의 본관은 롱서隴西, 지금의 간쑤 지역이고, 주로 쓰촨 지역에서 살았지만 그가 태어난 곳은 서역의 쇄엽성碎葉城이다. 쇄엽성은 지금의 키르기스스탄 수도 비슈케크의 동쪽에 위치한 톡목Tokmok이란 작은 도시이다. 그의 출신에 대해 중국 학계에선 별다른 이견이 없다. 이 이야기를 기술한 것은 그만큼 키르기스스탄과 중국의 관계는 예전부터 긴밀한 사이였다는 반증이다.

이태백의 탄생지라는, 중국의 역사서 『한서漢書』에 처음으로 나오는 '서역'이라는 지명은 원래 동투르키스탄, 현재의 신장 위구르 지역 서쪽의 오아시스 도시국가를 지칭하여 '서역 36국'으로 일컬었다. 그러니까 지금의 키르기스스탄 지역이다. 그후 서방과의 교류가 늘어나면서 범위도 확장되어 우즈베키스탄과 카자흐스탄 지역까지 포함하게 되었고 현재는 중앙아시아 전체를 통틀어 중국에서는 서역이라고 하

고 있다. 서쪽 지역의 줄임말이기도 하다.

키르기스인들은 원래 아시아 북쪽, 바이칼호수 서쪽에 거주하던 유목민으로, 중세 위구르 칸국을 몰락시켰으나 그후 따로 도시를 건설하거나 무역에 적극 참여한 것이 아니기 때문에 중국과의 역사적인 교류는 별로 없었다. 청나라가 준가르 칸국을 정벌하는 과정에서 준가르 칸국에 예속되어 있던 키르기스 부족 상당수가 해방되었는데, 그중 많은 이들이 코칸트 칸국과 같은 우즈베크 등지로 귀속했지만 일부는 청나라 만주족 정권의 지배를 받았다. 그들의 후손이 지금까지 살고 있는 신장 위구르에는 키르기스인은 물론 우즈베크인, 러시아인, 중국계 무슬림 등간족, 중국의 탄압으로 이주한 위구르족 등이 대거 살고 있다. 하지만 현재 이들은 이슬람교를 믿으며 중국과 거리를 두려고 화교를 견제하는 편이다. 19세기 청의 중앙 세력이 쇠퇴하자 한족 군벌들은 키르기스스탄 접경 지역을 제국주의 식민지처럼 여기며 착취하기 시작했다. 이에 반발한 키르기스 인들은 신장 지역의 무슬림 민족인 위구르인과 카자흐스탄인들과 협력하며 민족주의를 부흥시켰다. 청나라가 신해혁명으로, 러시아제국이 적백내전으로 허물어지자 이들의 교류는 더 활발해지고 결국 20세기 레닌의 민족자치원리에 입각하여 소수 민족의 권리를 보장받게 된다. 동시에 중국도 키질수 키르기스 자치주를 설정하여 이들의 주체성을 인정하기 시작했다.

하지만 문화대혁명과 대약진운동으로 중국 내 사회 혼란이 가속화되면서 많은 키르기스인들은 중국을 벗어나 소련으로 이주했고, 자치주 내의 키르기스인 숫자는 점점 줄어들어 지금은 명맥만 유지하고 있는 실정이다. 90년대 들어서 중국이 키르기스스탄 동부에 거주하는 둥간족을 중국인이라고 주장하며 자기네 측으로 끌어들여 국경분쟁에서 유리한 영향력을 행사하려고 하자 둥간족들은 "우리는 아예 중국어도 모른다."라며 단칼에 선을 그어버린 사례가 있다. 이들 대다수가 18세기 중국 각지에서 일어난 회민반란 당시 후이족 난민들의 후손이기 때문이다. 당시 심각한 기근으로 많은 후이족이 목숨을 잃었고 모진 고초를 겪었던 사실이 있기에 이들의 후손들은 지금도 중국에 대해 반감을 가지고 있다.

양국 정부 간의 국제적 지위나 국력을 비교하는 자체가 우스울 정도로 격차가 많이 나는 만큼 키르기스스탄이 어쩔 수 없이 끌려다니는 것도 사실이다. 소련 시절에 정한 국경선을 일대일로 과정에서 중국에게 양보하면서 키르기스스탄 내에서도 큰 반발과 논란이 일어났다. 신장 위구르 자치주에서의 키르기스인 인권 탄압과 강제 결혼, 공산당원의 부녀자 성폭행 등이 심해지며 반중 감정이 상당히 드센 수준이다.

그러던 차에 지난 2019년 1월 비슈케크에서 수백 명의 인파가 모여 반 중국 시위가 벌어졌다. 시위는 중앙아시아에서 중국의 영향력 확대에 대한 불안감과, 신장 위구르 자치구 내 이슬람 교도의 탄압 소식이 전해지면서 시작되었다. 시위대는 중국인의 취업 허가 억제와 중국에 대한 채무 축소, 중국인과의 결혼 금지 등을 요구하면서까지 중국을 반대하는 최대 규모의 시위로 번졌다.

또 2020년 2월에도 중국과 접경 지역인 남부 나린주에서 2천여 명의 시위대가 대규모 시위를 전개했다. 시위대는 '중국에 키르기스스탄 영토를 내어줄 수 없다'는 구호를 앞세우며 점차 확대되고 있는 중국의 영향력에 완강한 거부감과 우려를 표출했다. 2019년 1월 시진핑 주석은 키르기스스탄 방문 당시 나린Naryn주 아트-바시At-Bashi 지역에 약 2억 7천만 달러 규모의 대규모 물류 산업단지 건설 계약을 체결하였다. 이때 키르기스스탄 정부는 200헥타르 규모의 부지를 49년간 중국 측에 임대해 주기로 했지만 합작 물류 시설 부지 앞에서 단지 건설 중단을 요구하는 대규모 시위가 연속적으로 전개되자 정부는 이 프로젝트를 전면 중단하기로 결정했다.

독립 후 중국과 수교를 시작하고, 중국의 일대일로에 협조하면서 이와 관련한 문제가 끊임없이 발생하고 있다. 키르기스스탄 국내에서 진행 중인 도로나 터널 공사 등 각종 인프라 공사들은 중국인에 의해서, 중국산 자재로만 진행되며, 공사 자금 사용과 내역은 중국 측이 일방적으로 결정하고 집행하기에 키르기스스탄 입장에서는 장기적으로 막중한 부담이 될 수밖에 없다. 대체 수단으로 러시아와의 관계를 강화하고 있지만 러시아도 우크라이나 사태 등으로 적극적인 협력이 어려운 상황이다.

양국은 예부터 역사적으로, 지정학적으로 씨줄과 날줄처럼 얽혀 있다. 겉으로는 양국 간에 평온하고 분주하게 상호 교류가 이어지고 있지만 설명하기 힘든 불안감을 쉽게 지울 수가 없다는 게 많은 현지 관계인들의 의견이다. 아마도 불평등과 불공평이 그 원인인 것 같다고 단정 짓는다.

알틴아라샨 계곡, 저멀리 펠라카봉(5,240m)이 보인다.

키르기스스탄과
우즈베키스탄과의 관계

앙숙에서 절친으로
변신 중

순전히 개인적인 의견이지만 우즈베키스탄은 대부분의 주변 국가들과 사이가 원만하지 못한 듯하다. 우즈베키스탄은 실크로드의 중심지 역할을 담당하면서 중앙아시아에서 역사도 길고, 문화 수준과 경제력이 이웃국가에 비해 높기 때문에 콧대도 세고 자긍심도 강하다. 인접한 키르기스스탄이나 카자흐스탄에 비해 가장 인구가 많고 역사와 문명, 문화도 그 흔적이 가장 화려하다. 농산물이 풍부하고 비옥한 땅도 가장 많이 가지고 있다. "카자흐스탄이 자원이 많다고 자랑하지만 우리는 자랑하지 않는다. 후대를 위해 개발도 하지 않는다."라고 큰소리친다.

1,300km가 넘는 긴 국경을 공유하고 있는 키르기스스탄과 우즈베키스탄은 1991년 양국이 동시에 소련으로부터 독립하면서, 소련 시절 방만한 행정 운영 체제하에서 대충 지정된 국경 문제가 지금까지도

현안으로 남아 있다. 특히 문제가 되고 있는 페르가나 지역은 중앙아시아 각국의 다양한 민족들이 오랫동안 공존하며 살아온 곳이다. 이 민족들은 국가에 대한 소속 개념보다는 나고 자란 지방에 대한 소속 개념이 더 강하고 농업을 하든 상업을 하든 정주민이든 유목민이든 자신들의 존재감을 지키려는 경향이 아주 강한 민족들이다. 그럼에도 불구하고 과거 소련의 경계 확정은 이런 특수성을 전혀 고려하지 않은 채 연방의 관리 차원에서 정해졌다. 지도를 펼쳐 놓고 이 지역을 확대해 보면 그냥 머리가 지끈지끈해진다. 믿기 어렵겠지만 섬도 있다. 바다 위에 떠 있는 섬이 아니고 같은 육지에 있는 섬이다. 그것도 한두 군데가 아니다. 복잡한 걸 넘어 난해하다. 소떼나 양떼를 몰고 풀을 찾아 옮겨 다니는 유목 문화 때문일까. 러시아제국의 중앙아시아 정복 시기부터 소련 치하를 벗어난 지금도 서로 간의 반목이 이어지는 게 당연하다고 여겨질 만하다.

　그나마 한 가지 다행인 점은 키르기스스탄과 우즈베키스탄 국경은 험준한 산악지대라 교류가 그다지 많지 않았다는 사실이다. 또 한 가지 다행이라면 지난 2022년 말 양국 외교부 장관들 간에 국경에 대한 합의가 이루어졌고 현재 실무자들이 활발하게 국경 문제를 해결하기 위한 절차를 진행 중이라는 사실이다.

　접경 지역 대부분이 산악지대라지만 우즈베키스탄은 드넓은 페르가나 평원을 차지하고 있고 키르기스스탄의 산악지대가 그 평원을 둘러싼 채 휘감고 있는 모양새다. 바꿔 이야기하면 고지대 속에 분지로 형성된 대평원을 우즈베키스탄인들이 먼저 차지했다고 하는 게 바른 표현일지도 모르겠다. 어찌 되었든 현실적으로는 여기에 수자원 문제가 대두되고 있고 이는 곧 갈등을 야기할 수 있다. 고지대를 차지하고 있는 키르기스스탄 측이 계곡을 막거나 댐을 건설하면 페르가나 평원은 순식간에 농업 용수가 고갈되면서 우즈베키스탄 농민들은 막대한 피해를 보게 된다. 단순한 우려가 아니고 현실에서도 이런 물 관리 문제가 트집이 되고 빌미가 되어 민족 문제로 확대되어 온 게 한두 번이 아니다.

　키르기스스탄에서 두 번째로 큰 도시인 오쉬가 이 지역에 있다. 비슈케크에서 오쉬까지는 약 750km 거리인데 우즈베키스탄 국경에서는 직선 거리 10km에 불과하다. 수도인 비슈케크에서 오쉬로 가려면 험준한 산악 도로로 이어진 키르기스스탄 국내 도로를 이용하는 것보다 우즈베키스탄을 경유하여 다니는 편이 훨씬 시간도 단축되고 도로 사정도 양호하다. 같은 나라지만 육상 도로나 교통편으로는 분리되어 있는 거나 다름없는 현실인데 두 도시의 중심 세력을 이루는 민족이 서로 달라 국가적으로 큰 골칫거리가 되고 있다. 이런 이유로 실제 키르기스스탄은 남북 간 지역 감정이 무척 심각한 상황이다. 그중에서도 오쉬주州 안의 키르기스인과 우즈베크인 사이의 민족감정의 골이 가장 깊다. 키르기스스탄 남부지역에 많이 거주하는 우즈베크인들이 분리 독립이나 우즈베키스탄과의 합병을 요구하다가 키르기스 군에게 진압된 적도 몇 번이나 있었고, 지금도 그 분쟁의 불씨는 꺼지지 않은 실정이다.

지난 30여 년간 키르기스스탄의 국내 정치가 혼란과 대립에 빠졌던 것도 이 지역 감정이 큰 원인이었다. 키르기스스탄의 역대 대통령 중 아카예프와 아탐바예프는 북부 출신이었고, 바키예프와 젠베코프는 남부 출신이다. 젠베코프는 아탐바예프의 지원을 받아 대선에서 당선되었으나 둘 사이가 틀어지면서 젠베코프가 아탐바예프 전 대통령을 체포하는 극적인 대립 상황까지 간 적도 있다. 남부 출신의 대통령 시절 실시한 여론조사에서 오쉬에서는 응답자의 79%가 나라가 올바른 방향으로 가고 있다고 답했으나 북부 비슈케크에서는 응답자의 88%가 나라가 잘못된 방향으로 가고 있다고 답변했다는 결과를 본 적이 있다.

2010년 6월 11일 남부 오쉬에서 청소년 단체 간의 대립을 계기로 키르기스인과 우즈베크인 사이에 민족 항쟁이 격화되고 방화, 살인이 잇따르면서 사태 수습이 불가능한 상태에 빠진 적이 있었다. 당시 10만여 명이 우즈베키스탄으로 대피하고, 30만 명의 난민이 발생하여 세계의 이목이 집중된 적이 있다. 이런 분쟁의 불씨가 아직도 남아 있다고 우려하던 차 최근 크게 개선될 기미가 있어 여간 다행스럽지 않다.

양국은 서로 신분증 확인만으로 국경을 통과할 수 있는 편의를 제공하기로 했으며 우즈베키스탄이 '키르기스스탄 문화의 날'을 개최하는 등 양국 간의 인적 교류도 활발해질 예정이라고 2024년 대통령 회담에서 발표했다. 더불어 이 자리에서는 수자원 문제, 국경 문제 등 소련 시절부터 내려온 각종 고질적인 문제가 아직 있지만, 지금처럼 두 나라의 관계가 좋은 적이 없다고 할 정도로 관계가 개선되고 있다고 양국 대통령이 함께 말한 만큼 부디 좋은 결과들이 전개되기를 기대해 본다.

송쿨호수 남측
전통 유르트를 이용한 숙박시설들도 나날이 대규모화, 현대화되고 있다.

키르기스스탄과
카자흐스탄과의 관계

형님 먼저
아우 먼저

카자흐스탄은 화학 주기율표에 나오는 모든 원소의 광물을 전부 보유·생산하고 있는 자원부국이다. 게다가 석유와 천연가스 등의 생산량과 저장량도 대단한 산유국이다. 키르기스스탄은 '아시아의 알프스'로 불릴 만큼 아름답고 깨끗한 자연환경을 보유하고 있으며 국민의 행복지수가 높은 나라다. 이런 까닭으로 중앙아시아에서는, "카자흐스탄은 나라는 부자이고 국민은 가난한 데 비해 키르기스스탄은 나라는 가난하지만 국민은 부자다."라는 말이 유행한다.

이 카자흐스탄과 키르기스스탄은 언어 및 민족적 동질성 때문에 아주 가까운 사이이다. 또 이 두 나라는 중앙아시아 여러 민족 중에서 가장 많이 닮은 민족이다. 카자흐스탄인은 평원에 사는 유목민이고, 키르기스스탄인은 산악지대에 사는 유목민이라고 구분 짓는 사람도 있다. 그만큼 카자흐인들과 키르기스인들은 서로 가까이 지내며

서로를 형제의 국가라고 할 만큼 좋은 관계를 유지하고 있다. 또 두 나라는 각각 카작어와 키르어를 사용하고 있지만 이 언어도 같은 튀르크어족의 언어들로 유사점이 아주 많아 따로 배우지 않아도 제주도 사람이 방언으로 얘기해도 서울 사람이 대략 알아듣는 것처럼 서로 의사가 통한다고 한다.

결국 선조의 선조, 아주 오랜 옛날에 바이칼호 서쪽의 예니세이강 유역에 살던 민족이 오랜 세월을 두고 따스한 남쪽으로 내려오다가 이만하면 살만한 곳이라고 먼저 멈춘 이들이 지금의 카자흐스탄 사람들이고, 좀 더 아래쪽으로 내려와 자리 잡은 민족이 키르기스스탄 민족인 셈이다. 카자흐인과 키르기스인 모두 이슬람 수니파에 속하며 언어와 종교 이외에도 이전부터 유목민 사회를 유지했기 때문에 식생활과 거주 문화를 비롯한 생활 방식도 매우 흡사하다.

오늘날 알마티시의 GDP가 키르기스스탄 전체 GDP의 5배이고, 카자흐스탄의 GDP는 키르기스스탄의 20배에 달하며 국민 1인당 평균 소득도 키르기스스탄의 10배나 될 만큼 카자흐스탄 측의 경제 상황이 훨씬 더 좋다 보니 키르기스스탄도 카자흐스탄과의 관계 유지에 적극적이다.

2022년 1월 카자흐스탄에서는 사상 초유의 시위가 벌어져 폭동 사태로 번졌다. 하룻밤 새 가스 요금을 두 배로 인상한 정부의 조치가 그 발단이었다. 가뜩이나 소득 격차 심화와 정치적인 문제로 정부에 대한 불만이 커지고 있던 차에 시위는 순식간에 전국으로 확산되었다. 시위 나흘만에 토카예프 대통령은 시위 지역에 비상사태를 선포했고 며칠 후에는 전국으로 계엄령을 확대했다. 시위가 격렬해지면서 경찰의 발포로 40여 명이 목숨을 잃고 1,000여 명의 부상자가 속출하자 대통령은 키르기스스탄과 러시아, 아르메니아와 벨라루스를 비롯한 동맹국들의 군사 동맹인 집단안보 조약기구CSTO에 시위 진압을 위한 군대 지원을 요청했다. CSTO 중에서는 러시아가 제일 먼저 평화유지를 위해서라며 요청 다음날 파병했고 키르기스스탄이 두 번째로 군대병력을 보냈다.

시위가 진압되고 정세가 안정되자 토카예프 카자흐스탄 대통령과 사디르 자파로프 키르기스스탄 대통령은 같은 해 5월, 정상회담을 개최하여 투자 협력 강화를 포함한 양국 관계를 새로운 수준으로 끌어 올리기로 합의했다고 발표했다. 그 추진 사항들은 지금까지도 원만히 진행되고 있는 등 양국 간의 우호적인 분위기는 현재도 계속 이어지고 있다.

키르기스스탄과
타지키스탄과의 관계

애증의
관계

●●●

　중앙아시아라고 하면 통상 5개 나라를 일컫는다. 우즈베키스탄, 카자흐스탄, 키르기스스탄, 타지키스탄, 투르크메니스탄이 그 대상이다. 이 5개 '스탄' 중에서도 '오지' 하면 떠오르는 두 국가가 있다. 바로 키르기스스탄과 타지키스탄 Tajikistan이다. 두 나라 모두 1991년 소련이 붕괴되면서 동시에 독립했다. 양국 모두 국토의 평균 해발고도가 2,000m가 훌쩍 넘는 고원 국가, 산악 국가이다. 이 두 나라는 독립국가연합, 이슬람 협력기구에 속해 있다는 공통점이 있다. 종교도 두 나라 모두 수니파 이슬람이며 국경을 접하고 있기에 예부터 교류도 많은 편이다. 동시에 서로 간의 갈등도 끊이지 않는 애증의 관계이다.

　키르기스스탄은 독립 후 비교적 민주적인 과정을 거치며 선거를 통해 6번째의 대통령이 현재 국가의 수장을 맡고 있다. 타지키스탄의 경우는 다르다. 현재 3대 대통령이 그 자리를 맡고 있다. 하지만 초대

와 2대 대통령은 그 재임 기간이 각각 1년에도 못 미친다. 3대 대통령인 에모말리 라흐몬은 1994년 11월부터 지금까지 무려 30년이 넘도록 집권 중이다. 원래 타지키스탄의 대통령 임기는 7년 중임제로 세 번 연임은 불가능했다. 그런데 라흐몬 대통령은 임기 제한을 없애고 종신 집권이 가능하도록 2016년에 헌법까지 개정했다. 이런 상황이 30년 넘게 지속되면서 양국 간의 정치 체질은 크게 달라졌고 국민들의 정치 개념도 판이하게 다른 게 현실이다.

양국 간에 지금 가장 심각한 갈등은 국경 문제다. 양국은 옛 소련에서 독립하면서 970.8km에 달하는 국경 가운데 600km는 확정지었지만 페르가나 평원을 중심으로 한 나머지 400km 정도는 국경이 불확실하게 정해진 상태이다. 러시아제국 시절부터 타지키스탄의 동북부 파미르고원 일대에는 키르기스인이 거주하고 있었으며, 키르기스스탄 서부에도 적지 않은 수의 타지키스탄인들이 거주하고 있었다. 소비에트연방제 때는 별 문제 없이 잘 살아오다가 급작스럽게 독립하게 되면서 수자원 문제와 영유권 분쟁으로 갈등이 시작되었다.

최근에도 2021년 4월에 국경 지대에서 소규모 교전이 벌어졌으나 곧 진정되었다. 그 후에도 수개월마다 충돌이 반복되다가 지난 2022년 9월, 양국 국경경비대가 무력 충돌하여 양쪽에서 100여 명이 훨씬 넘는 사상자가 발생할 만큼 대규모 교전이 벌어져 국제 문제로 비화하기도 했다.

최근 몇 년간 이웃 카자흐스탄이나 키르기스스탄 등지에서는 앞에서 기술한 것처럼 중앙아시아에서 중국의 영향력이 확대되는 것에 반대하고, 신장 위구르 지역의 이슬람 탄압에 항의하는 반 중국 시위가 발생하는 등 중국을 경계하는 정서가 커지고 있지만 적어도 타지키스탄은 아직 반 중국 정서와는 거리가 멀다. 중앙아시아에서 중국의 일대일로 정책을 가장 반기고 있는 친 중국 국가이다.

스카즈카협곡
시시각각 색이 변한다. 오묘하다.

키르기스스탄과
한국과의 관계

가장 가까이 하고 싶은 나라
대한민국

인천공항에서 키르기스스탄 마나스 국제공항까지 직선 비행거리
는 약 4,400km이다. 비행기 대신 육로를 이용해 자동차로 키르기스
스탄에 가려면 러시아로 입국해서 시베리아를 횡단하여 카자흐스탄
으로 입국한 후 이 나라를 종단하여 키르기스스탄 국경으로 넘어가
는 길밖에 없다. 약 7,500km나 떨어진 먼 거리이다. 이토록 먼, 그야
말로 이역만리 키르기스스탄에는 약 2만 명의 고려인이 거주하고 있
다이 내용은 뒷장에서 다시 다룬다.

1937년 스탈린의 압제 정책에 따라 카자흐스탄으로 강제 이주 당
한 후 1953년 거주 제한이 풀리자 더 나은 삶을 찾아 키르기스스탄
으로 이주한 그분들 덕택에 이 나라에는 비교적 한국이 소상하게 잘
알려져 있다. 한국의 음식이나 한국 문화에 대해 전혀 거부감이 없는
반가운 나라이다. 이미 오래전에 한국 드라마인 '꽃보다 남자'가 인기

를 끌면서 한류 열기가 시작됐고, 때마침 불어닥친 싸이의 '강남 스타일'도 이 나라에서의 K-POP 확산에 크게 한몫을 했다. 특히 드라마 '꽃보다 남자'는 키르기스스탄에서 드라마의 주인공인 '구준표와 결혼하는 법'이라는 제목의 영화로도 제작되어 큰 인기를 끌었다. 최근 우리나라의 국격이 급신장되고 국가 위상이 점점 올라가면서 키르기스스탄에서는 대단한 한국 열풍이 불고 있다. K-pop은 젊은이들 사이에 신드롬이라고 할 만큼 유행되고 있으며 많은 젊은이들이 한국어와 한국 문화를 배우려 노력하고 있다. 국가 경제 규모나 인구면에서 열세인 탓일까 카자흐스탄과 우즈베키스탄에 비하면 한국과의 교류 규모는 양적으로는 뒤지지만 우리나라에 대한 관심이나 기대감은 결코 뒤지지 않을 만큼 열성적이라 장래 기대되는 바가 크다.

키르기스스탄과 한국의 매개체 역할을 담당해오던 고려인 1세대,

2세대 어른들이 세월이 흘러 세상을 등지는 이들이 늘어나자 안타깝게도 한민족으로서의 정체성, 우리말 사용, 한국의 전통 문화가 점점 줄어들고 있는 게 현실이다. 외교부 조사에 의하면 1970년에는 약 70%의 고려인이 우리말을 제1언어로 사용했는데 2000년대 초에는 불과 10% 정도만이 한국어를 주 언어로 하고 있었다고 한다. 고려인 3세대, 4세대로 이어지면서 신세대들이 늘어나고 이들에게 체계적으로 한글을 가르쳐 주는 곳이 없었던 것도 그 원인의 하나였다. 어쩔 수 없이 러시아어와 키르기스스탄 언어에 주력하고 우리말 사용을 힘겨워 하는 그런 상황이었다. 이런 와중에도 뜻있는 고려인들은 오랜 기간 모국과의 지리적 격리에도 불구하고 우리말과 문화를 지켜왔다. 1989년 '키르기스스탄 고려인 협회'가 처음 설립된 후 이들을 중심으로 한글판 '일치신문'이 창간되고, 전통 가무단 '만남'을 창단하여 운영하는 등 한국의 고유 문화를 유지하고 계승하려는 노력을 아끼지 않았다. 활동 초창기에는 북한 성향을 보였던 공연 예술 분야도 이젠 완전히 한국화되어 북쪽 흔적은 거의 찾아 보기 힘들어졌다. 또한 예술인들 중 몇몇 젊은이들은 자비로 뮤직 스튜디오를 개설하여 명절이나 기념일마다 한국과 연관된 음악 관련 문화행사를 개최하는 등 나름대로 의미 있는 활동을 전개해 오고 있었다.

키르기스스탄에서 보다 본격적이고 체계적으로 한국어 교육과 문화 활동이 시작된 것은 2001년 '한국교육원'이 설립되면서부터이다.

한국교육원은 재외동포에게 한국어 교육과 한국의 역사, 문화 등 민족 교육을 실시하여 한민족 정체성을 유지하고, 모국과의 유대감을 강화하는 교육기관으로서의 역할을 수행하고 있다. 고려인을 비롯한 한민족뿐만 아니라 현지인들에게도 이런 교육을 통해 한국을 세계에 널리 알리고 있는 단체 중 하나이다.

이어서 2015년 4월, 코이카KOICA 키르기스스탄 사무실이 개소되었다. 코이카는 각종 프로젝트나 봉사활동, 민관 협력 등 다양한 사업을 전개하여 이 나라의 사회 경제 발전에도 도움을 주면서 양국을 잇는 가교 역할을 수행하고 있다. 코이카가 주체가 되어 방한 초청 연수 사업을 개시한 이래 2024년 상반기까지 약 600여 명의 학생, 공무원들이 한국에 와서 연수를 받았으며, 한국에서 키르기스스탄에 가서 장·단기 봉사활동을 펼친 우리나라 사람도 이미 1,000명을 넘어섰다고 한다.

중앙아시아 오지를 여행하다 보면 아이들이 양손으로 눈꼬리를 찢어 올리며 "찌나 찌나" 하며 따라올 때가 많았다. "노 찌나, 코리아"라고 말하면 담박에 함박웃음을 지으며 "코레아 넘버 원" 하며 표정이 우호적으로 바뀌는 걸 수없이 경험했다. 식당에 가면 옆자리에서 식사를 하던 젊은이들이 "안녕하세요"라고 먼저 말을 걸어오는 것도 이제는 예삿일이 되었다. 그때마다 코끝에 힘이 들어가고 가슴이 펴

지면서 자긍심을 느낀다. 중앙아시아 대부분 국가들은 대통령부터 산골 사람들까지도 한국을 가장 친근하게 여기고 교류해야 할 우방으로 간주하고 있다는 걸 실감한다. 이 점은 키르기스스탄도 예외가 아니다. 한국과 한국 사람들의 모든 것에 크게 호감을 갖고 있다. 가장 유학 가고 싶은 나라, 가장 일하러 가고 싶은 나라, 가장 가보고 싶은 나라로 우리나라를 첫손으로 꼽는 게 자랑스러운 현실이다. 중국과 일본이 키르기스스탄에 경제적 투자를 많이 하고 있지만 제국주의적이고 뒷셈이 있는 나라라며 경계를 늦추지 않는 지식인들이 많다. 반면에 한국은 같은 몽골반점의 나라이고, 역사적으로 다른 나라를 침략한 적 없는 온순한 국가이며, 현지의 고려인들을 통해 모범적이고 적극적이며, 강인한 생활력을 가진 나라임을 알게 되면서 긍정적인 평가가 이어지고 있다.

이런 현 상황에 만족하지 말고, 양국은 점점 더 친밀하고 신뢰를 바탕으로 교류하면서 더 높은 단계로 양국관계를 이끌어가는 것이 지금 우리 세대가 중앙아시아에서 해야 할 가장 시급한 책무라고 말하고 싶다.

한국에는 지금 시냇가에서 소꿉장난하는 아이들이 있을까?

귤을
따면서

가위질하며 세계여행을 다니는
얼치기 농부

얼치기 귤 농사꾼인 나는 해마다 11월 하순이 되면 숨 돌릴 틈 없이 바빠진다. 연말까지 귤을 따고 팔아야 한다. 두어 달 정신없이 움직여 귤 수확과 판매가 끝나면 1월부터는 다시 한라봉을 만진다.

귤 농사는 몇 년 동안 농약을 전혀 사용하지 않았으니 해마다 생산량이 줄어들었다. 제초제 서너 번 치고 예닐곱 번의 여러가지 농약을 제때 살포한 농장에 견주면 수확량은 절반에도 못 미친다. 게다가 해거리하는 나무가 많을 때는 수확량이 더 줄어든다.

씨알 굵기에 따라 다르지만 보통 10kg 한 상자에 평균 130여 개의 귤이 담긴다. 셈 해보니 수확 기간 중에 내가 하루 평균 2,500개 정도의 귤을 땄다. 점심 식사 후부터는 포장 작업을 하기에 다른 이들의 절반 수준이다. 귤도 무작정 따는 게 아니다. 잘 익고 모양 제대로 된 것부터 먼저 따야 한다. 가지와 이어진 귤의 꼭지 부분은 야물고 뾰

족해 조금이라도 귤에 붙어 있으면 운반 도중 다른 귤을 찔러 상하게 할 수 있다. 최대한 가위날을 귤에 바짝 붙여 잘라내야 한다. 상자나 소쿠리에 살살 놓아야지 던져 담으면 우선은 괜찮아 보여도 며칠 운송하는 도중에 상자 안에서 상하기 십상이다. 생물은 까탈스럽다. 능숙하게 숙달되면 이 또한 무아지경에서 작업할 수 있다. 오른손에 가위를 들고 왼손으로 귤을 감싸쥐듯 받쳐들고 자른다. 네 알이나 다섯 알 손 안에 가득 차면 발 아래 소쿠리로 살포시 옮긴다. 한 알 한 알 잘라낼 때마다 시선은 다음 택할 귤을 탐색하는, 내 몸은 성능 좋은 귤 따는 기계가 된다.

머릿속도 쉼 없이 바삐 돌아간다. 처음으로 고백한다. 귤이나 한라봉을 딸 때 내 머리 속에서 생각하는 분야의 90%는 여행과 관련된 것들이다. 육신은 현실에서 귤이나 한라봉을 만지면서 정신은 상상

속에서 온 세계를 휘저으며 자유롭게 오간다.

블라디보스토크에서 차를 통관하고 나면 곧장 우수리스크로 가자. 최재형 선생 고택을 갔다가 수이푼 강가의 이상설 님 유허비를 참배하고, 고구려인의 기상을 느낄 수 있는 발해산성에서 심호흡하며 마음을 가다듬자. 안중근 의사의 결기를 만날 수 있는 단지동맹비까지는 쉽게 갈 수 있는데, 한인 최초 정착촌인 지신허 마을터에 가서 서태지가 세운 기념비를 보려면 이번에는 누구에게 연락해야 할까. 크라스키노를 지나 국경 지역인 하산에서 두만강 철교를 보려면 어

Life & Story

떤 절차로 허가를 받아야 할까? 모스크바와 상트페테르부르크를 지나 그림처럼 예쁜 도시 탈린이 있는 에스토니아 국경을 통해 유럽으로 갈까 아니면 핀란드로 들어가 자타가 인정하는 북유럽의 선진국을 둘러보고 페리로 발트해를 건너 남쪽으로 내려올까.

포르투갈 호카곶은 대륙의 끝이라는 상징성을 갖고 있으니 반드시 가야만 한다. 거기까지 갔다면 이베리아 반도의 끝자락 지브롤터에서 해협만 건너면 모로코 텐지어니까, 페리로 한 시간이면 되니까 가자. 간 김에 아프리카에 가보자. 페스에서 염색공장도 구경하고 대서양 연안의 카사블랑카 해변으로 가자. 아프리카에서 가장 큰 이슬람 사원 앞에 서서 기념사진도 찍자. 어지러울 만치 복잡한 마라케시 전통시장에서 두건을 사서 사하라사막으로 가자. 맨발로 사하라를 달려보고 낙타도 타보자. 소나기처럼 쏟아지는 은하수, 불꽃놀이 하듯 쏟아지는 별똥별도 즐기자.

튀르키예를 횡단한 후 이란으로 입국할 수 있을까? 이란은 까르네가 필요한 나라인데…. 전문 여행가들이 가장 좋았던 나라로 첫 손꼽는 이란을 아직 못 가봤으니 이번에는 반드시 거쳐야지. 행여 못가게 되면 조지아로 방향을 바꾸면 되지. 카즈베기에 꼭 올라가야지. 러시아 쪽 여행 전문가들이 최고 풍광으로 권하는 코카서스 산맥 트레킹도 해야지. 어떤 코스가 좋을지 검색해 봐야지. 우즈베키스탄이야 이미 몇 번 거쳤지만 왜 그 '히바'는 매번 그냥 지나쳤을까? '배들의 무덤' 아랄해에도 꼭 가 봐야지. 타지키스탄 파미르고원의 카라코룸 하이웨이를 지나기 위해서는 인당 60$을 지불하고 퍼밋을 받아야 하는데 경험하는 대자연의 감동에 견주면 공짜나 마찬가지지. 그보다 평균 고도 3,000m가 넘는 험준한 비포장도로를 일주일 넘도록 달려야 하는데 차가 별 탈없이 버텨줄까? 8년 전보다야 요즘 차들이 더 성능이 좋으니까 걱정하지 말자. 그런 리스크도 없이 세계의 지붕을 경험하는 평생 기억될 대단한 여행을 하려고? 그리곤 드디어 키르기스스탄으로 넘어가야지 오쉬를 지나 송쿨호수를 남쪽에서 올라가는 환상적인 그 험준한 길을 올라가면 또 얼마나 즐거울까. 이번에는 송쿨호수에 담긴 은하수를 사진에 담아낼 수 있을까. 별 궤도사진을 제대로 찍으려면 삼각대를 좋은 걸로 새로 구해야 하나….

언제나 거의 매일 혼자서 세계여행을 다닌다. 상상만으로 3차원의 로드트립을 다닌다. 유라시아 뿐만 아니라 다시 가고픈 중미와 남미 각 나라들을 사정없이 휘젓고 다니면서 내 족적을 이미지로 남기고 다닌다. 아직 못 가본 알래스카를 수십 번도 더 내 차로 가서 오로라를 보며 감동한다. 꿈이라서 안타까웠지만….

예전에 코로나 직전에 군부대 강연도 제법 다녔다. 재능 기부라 강연 수입도 없었지만 자식 또래의 젊은이들을 상대로 꿈을 심어준다는 보람으로 무척 의욕적으로 진행했다. 성과도 컸고 반응도 좋았다. 물론 여행이 주제였다. 강연에서 청춘들에게 꼭 전해주는 단골 레퍼토리가 있다. 연봉이 얼마라고 자랑하지 마라. 외제차 탄다고 폼 잡지 마라. 몇 평 아파트에 산다고 우쭐대지 마라. 그런 것들보다는 내가 얼마나 행복한 사람인가를 자랑하라고 했다. 그런 얘기를 하면서 속으로 움찔했다. 나는 과연 행복한 사람인가 싶어서.

결론은 나는 행복한 사람인 게 맞다. 하고 싶은 일을 하면서 사니까. 여행이 좋아서 여행 작가가 되었고, 자주 여행을 다니니까 행복하게 사는 것도 분명하고, 일하면서도 늘 여행을 꿈꾸고 즐기니까 나는 행복한 사람이 확실하다.

게다가 이젠 키르기스스탄 전문 여행사 '길따라필따라'를 설립하여 영업 활동을 시작했으니 남은 내 앞날, 내 인생은 반드시 행복할 것으로 굳게 믿는다.

그러니까 이제부터라도 하고 싶은 걸 하고 살기를.

키르기스스탄 여행의
특징

개방적이고 자유로운 무슬림,
오지 여행의 천국

· ·

무슬림

하람Haram은 무슬림에서 금지하는 것들이다. 돼지고기, 담배와 술이 그 대표적인 것으로 국민의 80%가량이 무슬림인 키르기스스탄에서는 돼지고기를 구경하기는 힘들지만 담배를 피우는 모습은 쉽게 만날 수 있다. 식당 등지에서 물담배를 피우는 장면도 자주 볼 수 있고 골초들도 많다. 호텔 바나 업소에서 맥주나 보드카를 마시는 모습도 쉽게 볼 수 있고 슈퍼마켓이나 상가에 가면 보드카를 비롯해 세계 각국의 위스키, 와인 등 수많은 종류와 상표의 주류들이 버젓이 진열되어 팔리고 있다. 심지어 이 나라에서 자체적으로 위스키와 와인, 보드카를 만들기도 한다. 그 맛과 향도 꽤나 뛰어나기에 기념품이나 선물용으로 사서 한국으로 돌아오는 방문객들도 많은 실정이다. 키르기스스탄이 회교국가가 맞나, 하람의 경계나 정의가 무엇인가 의

문이 들 때도 자주 있다.

  유목 민족의 특성상 한 곳에 머무르지 않고 늘 이동하며 살아온
탓일까 교리나 코란에 대해서 잘 모르는 사람들이 많다. 실제 현지에
서 만난 사람들에게 무슨 종교를 믿느냐고 물어보면 무종교라고 대
답한 이들도 많았다. 비슈케크 시가지에서는 하루 다섯 번씩 아잔기
도시간이 되면 모스크에서 알리는 소리이 들리면 엎드려 기도하는 이슬람교도
들이 눈에 띈다. 그들 옆으로 민소매 티셔츠나 반바지, 무릎보다 높
은 짧은 치마를 입은 여성들이 지나가는 모습도 쉽게 만날 수 있으
며, 드물지만 배꼽이 보이는 크롭티를 입은 젊은 아가씨들을 본 적도
있다. 같은 이슬람 국가인 이웃나라들과는 전혀 달라 의아하게 느낄
때도 많지만 이런 점이 키르기스스탄의 특징인 것 같다. 국민의 80%

가량이 회교도로서 무슬림이라는 정체성은 가지고 있지만 여러 방면에서 아랍의 회교 국가들에 비해 훨씬 개방적이고 자유로운 종교적 성향을 나타내고 있다.

키르기스스탄의 헌법은 양심과 종교의 자유를 보장한다. 모든 사람은 개별적으로 또는 다른 사람들과 공동으로 특정한 신앙을 고백하거나 혹은 고백하지 않을 권리를 갖는다. 국가가 지위를 이용해서 종교를 강요하지 않는 민주적인 국가라는 타이틀은 중앙아시아에서 키르기스스탄이 최초였다. 그렇지만 절반 이상의 국민이 무슬림이기 때문에 키르기스스탄에서도 한달간 금식 기간인 라마단은 회교 율법에 따라 엄연히 진행된다.

금식의 시기는 매년 각 나라의 이슬람 중앙성원에서 공지하는 시간에 따라 정해진다. 초승달이 보일 때 시작하고 다음 초승달이 보일 때 끝나는데 2024년은 3월 11일부터 시작되었다. 이슬람은 음력을 따른다. 우리의 설날같이 달의 움직임에 따라 라마단 기간도 매년 조금씩 달라진다. 이슬람 달력은 윤일이나 윤달이 없는 순태음력純太陰曆으로, 태양력太陽曆과 오차가 계속 발생하기 때문에 매년 10~12일 정도가 당겨진다. 대략 33년을 주기로 봄, 여름, 가을, 겨울을 모두 한 번씩 거치게 된다.

대체로 일출부터 일몰까지, 오전 6시~오후 6시까지 신도들에게 금식 의무가 요구된다. 이 금식은 '가난한 이들'의 굶주림을 체험하는 동시에 알라에 대한 믿음을 시험한다는 의미를 갖고 있다. 낮에 금식을 하고 밤이 되면 이웃과 음식을 나누며 삶과 음식의 고마움을 되새기라는 의미이다. 물과 흡연까지도 삼가하는 경우도 있다고 한다. 낮이 긴 여름의 라마단 금식이 더 힘들 것 같다.

이 기간 동안은 키르기스스탄을 방문하는 여행자들도 주의를 해야 한다. 우리와 종교가 다르다고 무시할 것이 아니고 이들의 종교와 문화를 존중해 주면서 무슬림들에게 문화적 예의를 지켜주는 것이 여행자의 도리일 듯하다. 공공장소에서 음식을 먹거나 마시는 행위나 길거리 흡연 등도 자제해야 하며 이성과의 신체 접촉도 가급적 금해야 한다. 큰 소리로 음악을 듣거나 노래를 하는 것도 삼가야 한다. 또한 라마단 기간 중에는 미팅이나 비즈니스 일정도 미루는 게 좋다고 하는 이들도 있다. 과도한 신체 노출이나 지나치게 화려한 복장도 하지 말고 자극적인 향수 사용도 미리 자제하는 편이 혹시나 일어날지 모르는 분란을 피하는 현명한 방법일 듯하다.

또 한 가지, 키르기스스탄은 흡연이 비교적 자유로운 국가였는데 세계적 추세에 따라, 이곳도 조금씩 의식 수준이 향상되면서 공공장소에서 흡연을 금지하는 제도가 도입되었기 때문에 애연가들은 주의해야 한다. 2024년 2월 28일 키르기즈공화국 법률 61호에 의해 물담배나 담배 가열 시스템 및 기타 흡연 액세서리 사용을 포함하여 담배와 니코틴 흡연을 금하는 장소가 대폭 확대되었다. 그 후 지정된 구역을 제외한 공공장소에서의 흡연을 전면 금지하는 법령이 발표되었고 이 법령은 2024년 4월부터 시행되고 있다. 키르기스인들의 생활 의식수준으로 볼 때 당분간은 지켜지기 힘들 것 같지만 점차 그 수준이 향상되고 있으니 수년 내에는 정착될 것 같다. 이 나라 법으로 정해진 이상 이미 오래전부터 이를 실행해 익숙해진 우리 한국 사람들이 먼저 금연 예절을 지켜주는 것이 여행자들의 바른 자세라 할 것이다. 애연가들은 이제 점점 더 설 자리를 잃어간다.

서울에 유학 중인 키르기스스탄 학생을 가끔씩 만난다. 이 친구는 키르기스스탄은 이슬람 국가가 아니라고 아주 진지한 자세로 이야기한다. 키르기스스탄은 회교 율법에 의해 나라가 운영되는 체계가 아니고 헌법에 의해 통치되는 자유민주주의 국가라고 힘주어 주장한다. 단지 오래전부터 이슬람 교도가 많아서, 또 예전부터 이슬람 문화에 길들여져 왔었기 때문에 많은 이들이 이슬람 국가라고 하지만 자기 또래의 젊은이들은 자기 나라가 이슬람 국가가 아니라고 분명하게 주장한다고 말한다. 종교적인 문제조차 이토록 자신감을 가지고 말하는 이런 젊은이들이 장차 키르기스스탄을 이끌 것이라는 사실은 자명하다.

키르기스스탄의 앞날은 밝다.

이동시간이 길다

키르기스스탄은 동쪽으로 국경을 맞대고 있는 중국의 약 50분의 1 크기에 불과한 소국이다. 북쪽으로 국경선을 접한 카자흐스탄과 견주어 봐도 겨우 14분의 1 크기의 작은 나라다. 하지만 우리나라와 비교하면 거의 2배의 면적을 가진 결코 작지 않은 나라이다. 게다가 국토의 90% 정도가 산악지대이며, 그중 40%가 넘는 국토가 해발 3,000m가 넘는 고도를 가진 고지대 국가이다. 당연히 도로 상태가 좋지 못한 곳이 태반이다. 수도 비슈케크와 이 나라 제2의 도시 오쉬까지 연결된 도로가 몇 년 전에야 포장되었다는 점이나 키르기스스탄 최대의 관광지인 이식쿨호수 일주도로가 아직도 남쪽 일부는 비포장2024년 말까지 포장공사 완료 예정이라는 사실, 국토에 자동차 전용도로가 단 한 구간도 없다는 점 등을 생각하면 이 나라 도로 수준이 어느 정도인지 쉽게 짐작할 수 있다. 때문에 키르기스스탄 여행에서는 많은 시간을 이동에 할애해야 한다.

나는 이게 이 나라 여행의 강점이라고 생각한다. 우리나라는 어지간한 시골을 가도 구석구석 거의 포장이 되어 있다. 하다못해 인적 드문 농로라 해도 시멘트로 포장되어 있다. 우리에게 없는 것을 찾아가고 보러 가는 것도 여행이다. 키르기스스탄은 오지 여행의 천국이기도 하다. 유럽 사람들에게는 트레킹의 성지로 널리 알려져 있다. 교통이 불편하여 사람들의 왕래가 힘들어 대자연이 그대로 보존되어

칼막 패스(3,447m)

있다는 점은 이 나라의 엄청난 매력이기도 하다.

산악지대는 비포장도로를 그대로 둔 채 도로 상태만 잘 관리하면 좋겠다는 게 내 개인적인 의견이다. 앞차가 일으킨 먼지를 뽀얗게 뒤덮어 쓰며 달리는 시골길에서 더욱 향수를 느끼고 아늑한 정취를 느낀다. 키르기스스탄에서 빠른 속도로 달리면 그 아름다운 풍경을 보는 즐거움은 반감된다. 키르기스스탄에 사는 사람들에게는 이동 시간을 아껴 다른 일을 하는 게 효율적이고 능률적이라고 여기면서 하루 바삐 개발을 서두르는 게 덕이 될 수도 있겠지만 이곳을 찾은 여행자들은 천천히 이동하면서 더 많이, 더 세밀히 대자연의 품을 느끼고 보면서 즐겨야 한다.

키르기스스탄은 그런 곳이다. 그래서 더 많은 이들이 키르기스스탄을 찾게 된다면 결국 이게 관광대국으로의 도약을 기대하는 이 나라 국민들에게도 더 이득이 될 것이라고 나는 자신한다.

키르기스스탄의
뚝심

미국과 러시아에도
당당하게

:::

　북유럽이나 서유럽 사람들보다는 동유럽 사람들이 체구가 작다. 동서양을 잇는 이스탄불의 보스포루스 해협을 건너 튀르키예로 넘어 오면 터키인들이 유럽인들보다는 체격이 더 작다는 것을 확연히 느낄 수 있다. 동쪽으로 이란을 거쳐 우즈베키스탄으로 오면 이 지역 사람 들 체형이 조금 더 작아진 걸 또 실감할 수 있다. 유럽에서 동쪽으로 혹은 남쪽으로 갈수록 미묘하게 차이가 난다. 우즈베키스탄 사람들 보다는 동쪽의 키르기스스탄 국민들의 체격이 조금 더 왜소하다. 유 럽에서 자동차를 타고 육로로 천천히 동쪽으로 몇 번 와보니 확연히 알 수 있었다.

　또 다른 차이는 성격에서도 조금씩 드러났다. 문화의 차이일까? 말수도 적어지고 제스처나 행동거지가 점점 온순해진다는 걸 깨달을 수 있었다. 물론 내 개인적인 의견이다.

대자연 속에서 만난 키르기스스탄 사람들은 대게 검게 탄 얼굴이지만 언제나 천연의 미소를 잃지 않고 있다. 온화하다는 느낌이 들기 때문에 저절로 호의적으로 대할 수 있다. 유럽에서는 상대방에게 내가 먼저 경계를 늦추는 일은 결코 쉽지 않았다.

키르기스스탄에서도 기도하는 시간이 되면 사방에서 아잔이 들리고 회교 사원도 곳곳에서 만날 수 있다. 세계에서 가장 온화한 이슬람교도라는 말이 빈말이 아니다. 하지만 이 사람들 강단이 있다. 뚝심도 대단한 민족이다.

이란·이라크 전쟁과 아프가니스탄 전쟁은 내전이라는 이름을 붙여두고 자기들과는 무관한 척하지만 사실은 미국과 러시아의 대리 전쟁이라고 생각한다. 러시아와 우크라이나와의 전쟁도 그렇지만…

　이 전쟁들을 치르면서 미국은 중앙아시아에 공군 기지의 필요성을 뼈저리게 느끼게 되었다. 집요하고 은밀하게 이 나라 정부 수뇌들을 구슬러 경제 원조와 군사 원조를 제공하기로 하고 2003년부터 수도 비슈케크의 마나스 국제공항을 미군 공군 기지로 사용하게 되었다. 첨예하게 대립 중이던 러시아는, 또 일대일로를 확장하던 중국은 인근에 미군 기지가 생기는 것에 화들짝 놀랐다. 푸틴 대통령이 직접 나서서 반 협박조로 위협하고, 또 한쪽으로는 엄청난 물량 공세를 퍼부

으며 키르기스스탄 정부를 설득하여 러시아군 역시 마나스공항 안에 러시아 공군 기지를 운용하게 되었다. 한 공항 안에 미국 공군 병력 2만여 명과 러시아 공군이 동시에 주둔하게 되는 사상 초유의 일이 발생했다. 러시아는 소비에트연방 시절 소련의 속국이었던 키르기스스탄 정부에게 끈질기게 미군 기지 폐쇄를 요구했다. 미국과 러시아의 틈새에서 시달리던 이 나라 정부는 국회에서 수도 비슈케크의 마나스공항 내 양국의 공군 기지를 2014년 7월까지 동시에 철수할 것을 의결하고 관철시켜 버렸다. 미국과 소련 양국의 공군은 결국 키르기스스탄에서 쫓겨났다.

강단 있는 국민이다. 뚝심 있는 민족이다. 자주란 이런 것이다.

나의
첫 키르기스스탄 입국

대단했던
통과의례

처음 키르기스스탄에 온 것은 2015년 5월 말이었다.

4월의 어느 봄날 서울에서 내 차를 가지고 출발했다. 동해항에서 페리에 차를 싣고 블라디보스토크으로 가서 시베리아를 달렸다. 이르쿠츠크와 바이칼호수까지 갔다가 남쪽으로 차를 되돌려 몽골로 입국했다. 5월의 몽골은 아직 겨울이었다. 눈 때문에 고생하고, 몇 번이나 경로를 바꿔가면서 몽골을 횡단하여 다시 러시아의 알타이 지역을 지난 후, 카자흐스탄을 통과하여 키르기스스탄으로 입국했다. 카자흐스탄에서 키르기스스탄으로 입국하면서 겪은 에피소드는 지금도 생생하기만 하다. 수도 비슈케크에 인접한 코르다이Korday 국경 검문소를 지날 때의 고생담이다.

대부분의 한국 사람들은 비행기를 타고 바다를 건너 외국으로 가기에 육로로 국경을 건너는 데는 익숙하지 못하다. 생소하다. 그렇지

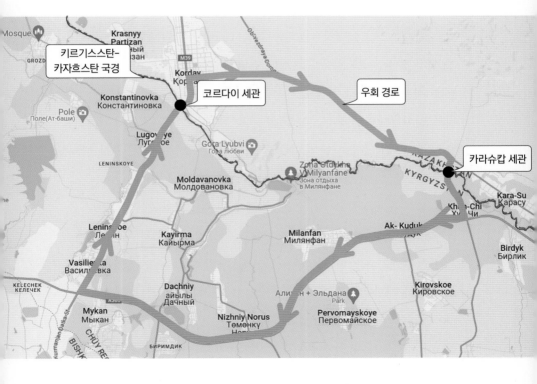

만 내 차를 가지고 출발하여 이미 러시아 세관을 통과했고, 몽골 국경에서 육로 입국과 출국 절차를 경험했다. 또 연이어 다시 러시아 국경으로 입출국하였고 카자흐스탄 입출국 절차도 실행해 봤기에 조금씩 육로 국경 통과에 자신이 붙었다.

코르다이 출국장에 도착하니 차량 행렬도, 입국자 행렬도 길게 줄지어 있었다. 몇 가닥이나 되는 차량 출국행렬 맨 뒤에 주차하고 아내와 아들이 먼저 내렸다. 두 사람은 카자흐스탄 출국 절차를 마치고 통로를 걸어가면서 내게 여권을 흔들어 보이며 웃음 가득한 얼굴로 키르기스스탄 입국장으로 들어갔다. 내 차례가 되었다. 자동차와 짐 검사를 받은 후 운전자 부스로 갔다. 여권이랑 영문 차량등록증 등을 제출했다. 잠시 건성으로 서류를 뒤적이더니 창구 안에서 뭐라 뭐라 알아듣지도 못하는 자기네들 말로만 고함치듯 얘기한다. 환장할 노릇이지만 답답한 건 나니까 어쩔 수 없이 참아야 했다. 손짓, 발짓, 몸짓… 심지어 종이를 얻어 그림을 그려가면서 소통을 시도했다. 결국 '자동차 반입신고서'가 없는 게 문제라는 걸 알았다. 러시아에서 카자흐스탄으로 입국할 때 그 서류를 달라고 하니까 러시아와 스탄 국가들 간에는 협약이 체결되어 있어 '일시 반입신고서'는 필요 없다고 분명히 얘기했다. 안 통한다. 그건 자기네 국민들끼리의 이야기고 외국인은 필수적으로 있어야 된다고 한다. 그럼 이제 어떻게 하느냐 물으니 '도큐먼트'가 있어야만 하고 자기는 모르겠단다. 서류를 갖추어 다시 오란다. 2,100km를 되돌아 입국한 세관으로 가서 서류를 발급받아 다시 2,100km를 와야 할 판이다.

2시간이 순식간에 지났다. 등짝에서 식은 땀이 흘렀다. 이미 식구들은 카자흐스탄을 출국하여 키르기스스탄으로 입국해서 눈 빠지도록 나를 기다리고 있을 건 뻔한 이치다. 식구들에게 연락하여 다시 카자흐스탄으로 재입국하라고 하면 합류할 수 있다. 전화가 되면 상황을 설명하고 그렇게라도 할 수 있다. 카톡도 불통이고 나라가 다르니 유심도 소용이 없었다.

내가 통과를 못하니 내 줄은 엉망이 되었다. 내 차 뒤에 있던 차들이 기다리다 못해 옆 차선으로 바꾸면서 뒤엉켜버려 출국 세관은 대혼잡이 발생했다. 새옷임이 분명한 빛나는 제복에 붉은색 어깨 견장도 화려한, 배도 적당히 나온 높으신 분이 세관 건물에서 나와서 상황을 파악했다. 그를 따라 건물로 들어가니 우리말을 할 줄 아는 군인이 불려왔다. 수도권 공장에서 3년간 일하며 한국어를 배웠다는 그가 높은 분과 이야기를 하더니 내게 와서 지도를 펼쳐두고 설명했다. 코르다이 국경에서 동쪽으로 20km 떨어진 다른 세관에 전화 해 둘 테니 거기서 서류 문제를 해결하고 그쪽 국경을 통해 키르기스스탄으로 입국하라고 했다. 20km가 아니고 200km라도 가야 했다. 한달음에 카라슈캅Kara suu kpp세관으로 달려갔다.

어렵사리 키르기스스탄에 입국했다. 가족들이 기다리는 그 코르

송쿨호수 가는 길

다이 세관까지 40km 거리를 미친 듯이 달렸다. 국경에서 4시간 넘게 허비하고, 다시 1시간가량 걸려 입국했으며 오가는 시간까지 무려 6시간이 지나가도록 영문도 모르고 기다리고 있을 식구들 생각에 정신없이 달리는데, 굴러가는 게 신기할 만큼 낡은 검정색 벤츠가 계속 전조등을 깜빡이면서 맹렬한 속도로 뒤따라왔다. 이제나저제나 세관 출구만 바라보며 차가 나오길 기다리던 아내와 막내는 생각지도 않게 뒤쪽에서 내 차가 오는 걸 보고 반가운 마음에 마구 손을 흔들며 뛰어왔다. 차를 세우는 순간 앞뒤에서 경찰들이 나를 에워쌌고 그대로 검문소로 끌려갔다. 고물 벤츠를 타고서 따라온 배불뚝이 정복순경은 붉으락푸르락 화가 많이 나 있었다. 저쪽 국경에서 입국해서 이쪽 국경이 이를 때까지 줄곧 속도 위반에 경찰 신호 무시, 일단 정지 신호 위반 6번…

"한 달 이상 감방에 가둘 수도 있지만 너는 운 좋게 나같이 좋은 사람을 만났다."

"1천 달러 벌금을 물릴 수도 있지만 내가 워낙 좋은 사람이니 500달러로 깎아 주겠다."

"뭐라고 돈이 없다고? 좋아 그럼 200달러로 해 줄게."

한 시간 넘도록 집요하게 요구당했다. 결국 100달러를 지갑에 넣은 배불뚝이는 안면에 잔뜩 미소를 머금고 마치 오래전부터 잘 알고 지낸 친구를 대하듯 나를 포옹하고 털복숭이 두터운 손으로 악수까지 하고는 검문소 경찰들에게 손을 흔들며 나갔다. 그가 나가자 경찰관 한 명이 왼손 두 손가락으로 동그라미를 만들고 오른손 검지를 까딱까딱 하면서 다가왔다. 지갑 속에 숨겨 둔 10달러 지폐 몇 장까지 탈탈 털리고 난 후에야 가족들과 그 검문소를 벗어날 수 있었다. 그곳에서 불과 20여km 떨어진 비슈케크 시내로 들어오면서도, 또 시내에 들어와서 예약해 둔 숙소를 찾아가면서도 경찰과의 인연은 끈질기게 이어졌다.

참 요란하고 지긋지긋 몸서리쳐지는 입국 수난을 겪으면서 그 당시는 왜 이런 곳에 와서 이 고생을 할까 죽을 지경이었다. 근데 놀랍게도 지금 돌이켜보니 어느새 정말 재미있는 추억으로 맛있게 익어 있다.

이런 것이다. 여행이란.

♣ 이 글은 2015년 처음 키르기스스탄에 갔을 때의 에피소드이다. 2022년에 다시 내 차를 가지고 이 나라를 방문했다. 잔뜩 긴장하고 일행을 이끌고 입국했는데 놀랍게도 단 한 번도 길거리에서 경찰의 검문이나 제지를 받지 않았다. 키르기스스탄 역시 진화하고 있었다. 하긴 80년대 초반까지 우리나라 역시 도로에서는 교통경찰이 제왕이었던 시절이 있었다. 그런 과정을 거쳐 지금의 대한민국이 만들어졌다.

붕어빵

부끄럽고 창피했던 기억도
추억이 되면 …

몇 달 만에 5일장에 갔다. 내가 살고 있는 서귀포의 5일장은 4일과 9일에 열린다. 장터에 갔다가 아련한 추억에 빠져 발걸음을 멈추고 한참 동안 서 있었다.

우리집은 하루아침에 망했다. 손에 물 한 방울 묻히지 않고, 머리도 미장원 사람들이 집으로 찾아와서 매만지던 우리 엄마가 붕어빵을 구워서 팔았다. 여우 목도리를 하고 밍크 코트를 입고 다녔던 엄마가 자식들을 위해 붕어빵을 구웠다. 그것 외에는 할 수 있는 게 아무 것도 없었다. 행여 아는 사람이 지나갈까 두건으로, 수건으로 얼굴을 감싸고서 붕어빵을 구웠다. 해질 무렵이 되면 엄마는 단칸방으로 오셔서 밥을 차려 주었다. 그 시간에는 중학생이던 내가 붕어빵을 구웠다. 그 시간이 참 싫었다. 부끄럽고 창피했다.

세상에 쉬운 일은 아무 것도 없었다. 붕어빵을 굽는 것도 쉬운 일이 아니었다. 붕어빵은 추운 겨울에 잘 팔렸다. 찬바람 몰아치는 공동 수돗가에서 얼음장 같은 찬물에 팥을 씻고 몇 시간을 불린다. 지켜보는 내 손이 따가울 만큼 오그라드는데 엄마는 괜찮다고 했다. 불린 팥을 커다란 양은솥에 담아 연탄 아궁이에서 익혔다. 첫물은 버리고 다시 끓여야 한다. 이 과정에 행여 태울까 쪽잠도 제대로 못 자는 엄마 옆에서 나는 코 골아가며 잤다. 문 앞에서 새우잠 자던 엄마는 문틈으로 스며든 연탄가스에 취해 동치미도 많이 마셨다. 훗날 그게 별 효과가 없다는 보도를 보고 마음이 쓰라렸다.

반죽도 쉬운 게 아니었다. 소금과 바닐라향, 많아도 적어도 안되는 딱 맞는 양의 베이킹 파우더, 점도도 적당히 걸쭉하게… 모든 게 잘 어우러져야 맛있는 붕어빵이 만들어진다. 알맞은 온도로 달구어진 빵틀에 기름을 두르고 주전자에 담긴 반죽을 절반 붓는다. 팥앙금을 넣고 다시 반죽을 부어 덮는다. 겉이 타지 않도록 빵틀을 잘 돌려야 하고, 연탄불 화력 조절도 잘 해서 속까지 노릇노릇 익어야 맛있는 붕어 한 마리가 되어 철사 소쿠리에 올라올 수 있었다.

겨울 밤엔 붕어빵을 팔아주는 어른들이 참 고마웠다. 엄마 손을 잡고 다니는 또래들이 너무너무 부러웠다. 행여 아는 친구가 올까 그게 걱정이었다. 부끄러웠다.

붕어빵이 잘 팔려 일찍 재료가 떨어지는 날은 즐거운 밤이었다. 너무 추워 다니는 사람이 없는 밤에는 식은 붕어빵으로 저녁밥을 대신하기도 했다. 그런 밤일수록 찬바람은 더욱 뾰족한 가시 되어 손등과 볼따귀를 혹독하게 할퀴고 지나갔다. 그나마 빵틀 앞의 손은 온기를 쬐지만 발등과 등짝은 시리도록 아팠다. 요즘처럼 보온성 뛰어난 옷도 없었고, 그런 옷을 사 입을 형편은 더더욱 아니었다. 그래도 그때의 붕어빵은 순 국산 재료를 사용했다. 중국산 팥이나 불량 재료 같은 건 아예 있지도 않았던 시절이었다.

몇 년 전 개봉관에서 '박수건달'이라는 영화를 보았다. 신이 내려 박수무당이 된 조폭과 검사가 주요 등장인물이었다. 조폭을 족치는 담당 검사가 붕어빵 성은을 입은 붕어빵 예찬론자였다. 사시에 합격하여 드디어 임용하려는 순간 그동안 붕어빵을 팔아서 고시 뒷바라지를 해준 애인이 불의의 사고로 세상을 떠난다. 너무나 그녀를 보고 싶었던 검사가 조폭 박수무당에게 빙의해서 꿈에도 그리던 그녀를 만나게 된다는 황당한 설정에 관객들은 배를 잡고 웃는데 나는 소리 죽여 울었다. 그 시절이 떠올라서. 그다지 감성적인 영화도 아닌데 내가 오버한다고 아내는 의아해했다. 내 가슴속에만 묻어두고 꺼내고 싶지 않은 불행했던 기억이었는데 50년이 훌쩍 지나면서 어느새 아름다운 추억으로 승화해 있었다.

한 마리 10원이었던 그 붕어빵이 지금은 3마리에 2천 원이다. 크기는 되려 쪼그라들었는데….

세계의 나그네
김찬삼 교수

도둑질,
탐욕과 치욕의 추억

50년 전의 이야기다 내가 "50년 전에"라고 할만큼 나이가 들다니….

중학교 때다. 단칸 셋방에는 몸을 다치신 아버지가 늘 누워 계셨다. 먹을 것도 제대로 없었고 공부할 책상조차 없었다. 학교 수업을 마치면 매일 집 근처 학생도서관에 가서 시간을 보냈다. 도서관은 은밀한 피난처였고 훌륭한 아지트였다. 숙제를 다하면 책을 읽었다. 고전, 소설, 동화, 위인전, 잡지… 닥치는 대로 마구잡이로 읽었다. 내용을 이해할 수 없거나 지겹도록 재미없는 책이 아니면 읽었다.

어느 날 눈이 번쩍 뜨이는 새 책이 입고되었다. 8권으로 된 삼중당문고의 『김찬삼의 세계여행』!

경이로웠다. 세계여행이라니!! 1958년 내가 태어나기도 전에 시작된 세계여행이라니! 지리부도책에서나 이름을 만났던 그 나라들을 직접 누비고 다니며 세계여행을 하다니!

여행기를 보는 순간부터 교과서나 참고서 따위는, 읽어도 이해도 잘 되지 않았던 단테나 셰익스피어, 도스토옙스키 등은 안중에 없게 되었다.

보고 또 보고, 읽고 또 읽고… 여덟 권 전집 중 한 권은 언제나 내 손에 있어야 했다. 몇 권이 어느 나라 이야기인지, 몇 페이지쯤에 어떤 도시의 어떤 이야기가 있는지, 어떤 사람을 만났고 무슨 일이 펼쳐지는지, 사진만 보고도 몇 권 어디쯤에 실린 무슨 내용의 사진인지 죄다 외울 정도였다. 수십 번이나 읽었음에도, 내 마음속에는 어느새 이 책을 갖고 싶다는 사악한 욕망이 끓기 시작했다. 그렇게 마음을 정하고 나니 죄의식이나 두려움은 어느새 사라져 버리고 이 책들이 당연히 내 것인 양 여기게 되었다. 호시탐탐 기회만 노렸다.

그날은 몹시도 무더운 여름날이었다. 직원이 자리를 비웠다. 해맑

게 웃을 땐 깊게 파인 보조개가 예뻤던 사서 누나도 보이지 않았다. 책을 훔쳤다. 뛰다시피 출구를 향해 걸었다. 복도 끝 화장실 두 개의 문이 거의 한꺼번에 열리면서 관리 직원과 사서 누나가 나왔다. 두 사람의 시선이 동시에 내 품의 책에 꽂혔다.

나를 놀리는 듯, 꾸짖는 듯 자지러지게 울어대던 매미소리를 들으며 창가에 꿇어앉아 양팔을 들고 벌서면서 나는 울었다. 지금도 맹렬하게 매미가 울면 그 순간의 부끄러움이 떠오른다. 1975년 여름, 그렇게 소년에게 탐욕과 치욕을 경험하게 했던 8권『김찬삼의 세계여행』 전집은 소년의 가슴에 꺼지지 않는 불씨도 심어주었다. 그날부터 세계여행의 열병앓이가 시작되었다.

그리고 수십 년이 흘렀다. 자동차로 16개월 넘도록 1차 세계여행을 다녀온 후 어느 날 그분의 기념관을 짓는다는 뉴스를 뒤늦게 접했다. 내게 꿈과 희망과 동기를 주신 그분에게 감사드리고자 님의 기념관을 찾아 영종도로 향했다. '세계여행 박물관'이라는 안내판 글씨는 선명했지만 공사는 이미 오래전에 중단되었고 무성하게 자란 잡초만 바닷바람에 흔들리고 있었다. 이 나라 배낭여행의 효시인 그분, 세계 속에 한국을 알린 세계의 나그네 그분, 한국인의 가슴과 머리에 세계라는 넓은 세상을 새겨 주신 그분의 박물관이 그토록 초라한 모습으로 서해 바람만 맞고 있을 줄 몰랐다. 오랜 세월 가슴에 묻어둔 첫 사랑 그녀를 만났는데 그녀가 너무 어렵고 힘들게 사는 걸 본 것처럼 아프고 슬픈 심정이 되어 영종도를 나왔다. 서해대교를 건너며 혼자 바다를 향해 뇌까렸다.

　미안합니다. 김찬삼 교수님…. 고맙습니다. 김찬삼 교수님….

　또 몇 년이 지났으니 조만간 서울에 가면 꼭 님의 기념관을 찾아 가봐야겠다.

아르헨티나 국립공원 토레스 델 파이네

키르기스스탄의
한국 해양수산부

바다도 없는 나라에
해양수산부?

키르기스스탄은 바다가 없는 내륙 국가다. 더군다나 국토의 90% 가량이 산악지대다. 평균 해발고도가 2,750m나 되는 고산 국가다.

이런 나라이지만 지금 우리나라의 해양수산부와 관계된 특별한 사업이 진행 중이다. 바다가 없는 나라와 대한민국 해양수산부가 무슨 연관이 있을까?

천혜의 자연환경을 고스란히 간직하고 있는 키르기스스탄은 전국에 2천 개가 넘는 자연 호수가 있다. 산악 국가인 만큼 전 국토가 산으로 이루어져 있고 산과 산 사이에 계곡이 있으며 계곡마다 물이 흐르고 있어 중앙아시아에서 가장 수자원이 풍부한 나라이다. 물이 있으면 물고기가 있는 게 자연의 섭리다. 키르기스스탄은 풍부한 수자원을 갖고 있으며 지리적으로나 기후적으로 수산물 양식에 적합한 지형이다. 이미 구 소련시절에도 중앙정부의 투자와 연구 열의가 왕성했고 개발을 적극 지원했다고 한다. 1950년대에 벌써 70여 군데에 달하는 집단농장에 수조 양식장이 있었으며, 이미 1970년에 무지개 송어 양식을 시작한 이래 1988년에는 당시로서는 엄청난 거금 40만불을 들여 이식쿨호수에 양식 시설을 갖추어 연간 700톤의 송어를 수확 출하했다는 사실이 이를 증명한다.

하지만 1991년 소련이 붕괴되자 키르기스스탄을 비롯한 중앙아시아 각국의 수산업도 함께 와해되었다. 카스피해를 끼고 있는 투르크메니스탄이나 카자흐스탄은 그나마 명맥을 유지했지만 바다가 없는 타지키스탄과 키르기스스탄의 수산물 생산은 각각 94%, 98%가 줄어들었다고 하니 그 피해가 어느 정도인지 쉽게 알 수 있다. 하루아침에 중앙정부로부터의 모든 지원이 끊어졌고 전문가도 부재하고 사료도 바닥나고 양식장 등 시설물의 유지 보수와 관련한 모든 사항들이 멈춰 버렸다. 국가는 급작스럽게 독립을 얻었지만 중앙정부로부터의 재정 기술적 지원이나 관리정책이 단절되면서 수산물 생산량은 급감해 버렸다. 이식쿨호수, 송쿨Song-kul, 톡토굴Toktogul 저수지 등지에 있던 수산 시설도 관리 소홀로 훼손되었고 무분별한 남획 등으로 수산물 사업은 장기간 침체의 늪에 빠졌다.

수산물 수출 국가였던 키르기스스탄이 독립 후 30여 년간 어류 수입국으로 전락하여, 러시아로부터는 냉동 청어, 고등어, 명태 등의 바다 어류를, 카자흐스탄이나 우즈베키스탄에서는 민물 어류를 수입하게 되었다. 이런 키르기스스탄의 수산업이 최근 점차 기지개를 켜고 있다. 민물 어류 생산량이 늘어나면서 수출국으로 전환할 단계에 이르렀다. 집계에 의하면 2021년 기준 약 5천 톤의 민물 어류를 수출하였다. 공식적으로 등록된 양식장만 194개, 여기서 생산된 양만 10,344톤이라 한다. 등록되지 않은 양식장도 1개 주에 200개가 넘을 정도로 불법 양식이 성행하고 있다고 한다. 가장 큰 원인은 급증하는 수산물 수요 증가이다. 생선류의 자국 내 수요가 늘어나고, 중국 등 인접 국가의 생선류 수요도 급증하면서 돈이 되기 때문이다. 하지만 양식업자의 전문성도 뒤떨어지고 재래식 노후 시설이나 구태의연한 양식 방법으로 운영하다 보니 생산성과 효율성이 아주 낮은 실정이다.

키르기스스탄의 강이나 호수 주변에서는 어디든지 2m 정도만 파면 물이 고여 연못을 만들 수 있으니 너도 나도 땅을 확보하여 재래식 양식을 시도하는 수준이다. 하지만 자체 채란 기술도 없어 노르웨이에서 무지개 송어알을 비싸게 사다가 부화하여 기르는데, 부화율도 형편없으며 더 큰 문제는 종자는 살 수 없고 불임 처리된 알만 구매할 수 있는 실정이다. 그러다 보니 연속적인 운영은 불가능하게 되고, 게다가 매년 알을 구매하게 되면서 심각한 자금 압박을 받고 있다. 또한 간신히 부화한 치어들도 관리 부실로 세균에 오염되어 떼죽음을 당하는 경우도 빈번하다고 한다. 사료 사정도 좋지 않다. 무지개송어 같은 고가 어종은 수입한 사료로 키우고 있고, 잉어 등 고유 어종은 음식물 찌꺼기를 주 사료로 하고 있어 수질 오염 문제도 심각하다.

이런 현실에서 2022년 한국과 키르기스스탄 수교 30주년 기념 사업의 일환으로 해양수산부와 이 나라 주무부처인 농업지역개발부가 협력 MOU를 체결하고 그해 국립 수산양식개발센터를 설립하여 50억 원 규모의 5개년 프로젝트를 시작하게 되었다.

양식업의 발전은 수산물의 생산 증대뿐만 아니라 고용 창출, 소득 확대를 통한 빈곤 완화에도 큰 의미가 있다. FAO 통계에서도 키르기스스탄은 빈곤 국가로 분류되어 있다. 양식장마다 수십 명의 일자리가 보장되니까 정부 입장에서는 경제적 정치적으로도 큰 성과를 기대할 수 있다. 이런 현실에서 재원과 기술을 갖춘 역량 있는 한국과의 관계 강화를 원하는 건 당연하다.

수산양식교육센터를 통하여 전문 인력을 양성하고, 종묘 양식을 포함하여 기존의 양식장을 복원하게 해달라는 요청을 했다. 또 한국의 지원으로 무지개송어 알을 자체 채란하여 부화시키고 다량의 치어를 싼값에 자국민들에게 제공함으로써 수산업 지위를 높이려는 의지도 갖고 있다.

이미 우리나라의 수산물 양식 생산량은 세계적 수산 선진국인 노르웨이나, 과거 우리에게 양식 기술을 전수해 준 일본을 앞선 지 오래되었다. 생산량뿐만 아니라 기술적으로 종묘 양식이 어려운 고급 어종의 양식도 가능해져 양식 선진국으로 세계적으로 인정받고 있다. 동해안의 남대천, 북천, 오십천, 왕피천 등 많은 곳에 연어의 모천이 존재한다. 세계 5대 연어 회귀국 중 한 나라이며 수산 양식 기술도 톱Top 5국이며, 특히 채란 기술은 타의 추종을 불허하는 수준이다. 이런 한국이 바다가 없는 중앙아시아 내륙국에 수산 양식 기술을 전파하는 것은 놀라운 일이 아니다.

부디 이 프로젝트가 잘 성사되고 발전을 거듭하여 이 나라의 소득 증대에도 기여하고, 나아가 타지키스탄이나 우즈베키스탄 등 인접 국가로도 확산되어 큰 시너지 효과를 거두게 되기를 기대한다.

키르기스스탄의
철도 교통

국토 면적은 우리 2배,
철로는 1/10

2024년 현재 대한민국의 철도 총 연장은 4,148km이다.

키르기스스탄은 결코 작은 나라가 아님에도 불구하고 철도는 거의 없는 것이나 다름없다. 이 나라에는 딱 2구간의 철로만 있으며 이두 구간조차도 연결되어 있지 않다. 첫 번째 노선은 수도 비슈케크에서 이식쿨호수 인근의 발릉치Belykchy까지 연결된 구간으로 총연장은 417km에 불과하다. 또 한 구간은 이 나라에서 두 번째로 큰 도시 오쉬에 있는 구간이지만 지선의 길이는 불과 30여km로 서울 지하철 7호선 길이의 절반 정도에 불과할 정도로 짧다. 워낙에 운행 구간도 짧고 운행 횟수도 빈약하여 거의 없는 것이나 다름없다. 인구가 적으니당연히 철도 여객 수요도 거의 없다.

이 나라 철도의 용도는 이식쿨호수 주변이나 페르가나 분지 일대의 광물 자원을 나르는 화물용이다. 키르기스스탄은 광활한 평원의 나라인 카자흐스탄이나 우즈베키스탄과는 크게 사정이 다르다. 또 국토의 동부에 파미르고원이 있지만 서쪽은 비교적 평원 지대인 이웃나라 타지키스탄과는 달리, 전 국토에 3,000m급 이상의 고산이 고르게 분포된 산악 국가인지라 철로는커녕 육로를 이용한 이동조차도 힘겨운 나라이다. 단 한 구간의 고속도로조차 없다. 수도 비슈케크와 오쉬를 오가는 대형 버스 노선조차도 아직 없는 실정이며, 국내 장거리 이동은 버스보다 항공기를 이용하는 게 더 편한 나라이다. 때문에 중앙아시아 5개국은 물론 아시아 전체를 통틀어 철도 의존도가 가장 낮다.

여객 열차는 수도 비슈케크에서 인근 도시 토크목Tokmak이나 수도 서쪽의 국경 마을인 카인다Kainda, Кайынды를 오가는, 서울의 경의선 보다도 짧은 구간을 왕복하는 통근열차가 하루 6-7편 정도 있는 것

이 전부다. 여름 성수기에만 이식쿨호수로 가는 관광객을 위한 열차
가 운행된다. 몇 번의 키르기스스탄 여행에서 운행 중인 이 여객열차
를 단 한 차례 운 좋게 만난 적이 있다. 여객 열차가 거의 없다시피하
고 화물 열차 위주로 운영하고 있지만 비슈케크에서 러시아로 가는
열차나, 우즈베키스탄 수도 타슈켄트로 가는 우즈베키스탄 철도청
소속 국제 여객 열차를 탈 수는 있다. 또 이 국제 노선의 중간 기착지
인 카자흐스탄 타라스Taraz에서 열차를 갈아타면 카자흐스탄 철도를

이용하여 알마티 같은 대도시로 이동할 수도 있다. 그러나 시간과 거리, 비용이 몇 곱절이나 더 소요되기에 차라리 버스나 택시를 타는 편이 훨씬 효율적이고 경제적이다.

이런 빈약한 시설의 키르기스스탄의 철도는 소비에트연방 말기에 건설되었다. 당연히 러시아식 1,520mm 궤도, 즉 광궤로 이루어져 있다. 소련의 붕괴와 함께 독립하면서 곧바로 국영 키르기스스탄 철도KZD협회가 설립되어 현재까지 운용되고 있으나 인프라가 워낙 빈약하고 이용률이 극히 저조하며 여전히 심각한 만성 적자로 재정적 문제에 시달리고 있다. 사실 중앙아시아 각국의 철도는 소비에트연방 시절에 소련의 필요에 의해 러시아 광궤로 만들어졌으며, 그 운영 체계도 당연히 소련식으로 유지 관리되어 왔다. 이 때문에 이 국가들의 철도는 한 부모 아래 태어나서 자라다가 독립한 형제처럼 서로 밀접한 관계이다. 1991년 독립하였지만 여전히 러시아와의 무역이 경제 부문에서 상당한 비중을 차지하고 있기에 CIS 국가들은 자국 사정에 맞추어 철로 시스템을 확충하고 정비하면서 현재까지 이어져 오고 있다.

중국과 키르기스스탄, 우즈베키스탄은 이미 오래전에 3국을 잇는

CKU각국의 머릿글자를 땄다 철도 연결을 공동추진해왔다. 중국은 중앙아시아에서의 원활한 일대일로 사업 추진을 위해 철도 건설에 주력하고 있으며 국내 교통망이 미비한 키르기스스탄은 이 노선이 성사되면 국가 기간산업이 크게 향상되기에 각자 목적은 다르지만 이 철도망 건설을 적극 추진하고 있는 상황이다.

이 CKU 철도는 중국의 신장 위구르 자치구에서 키르기스스탄 남부를 통과하여 오쉬를 거쳐 우즈베키스탄으로 연결되는 구간으로 약 570㎞에 이르는 거리이다. 이 노선이 완공되면 중국에서 유럽이나 중동 국가까지 화물 운송 거리는 약 900㎞가 줄어들고, 이동 시간도 종전에 비해 5~8일 단축되며, 키르기스스탄의 철도 총 연장도 무려 730km에 달하게 된다.

러시아를 거치지 않고 유럽으로 곧장 갈 수 있는 이 노선을 신설하기 위해 3국은 1997년에 양해각서MOU까지 체결하고 철도 연결을 추진해왔지만 중앙아시아에 대한 중국의 영향력 확대를 우려한 러시아의 암묵적인 반대로 진전이 없었다. 하지만 점점 철도 수요가 늘어나고 철로 필요성이 대두되자, 이들은 수년 전부터 이 프로젝트를 위해 공동으로 노력해 왔다. 2022년 9월 우즈베키스탄의 사마르칸트에서 개최된 상하이 협력기구SCO 정상회의에서 CKU 철도 건설을 위한 협정을 체결하기도 했다. 이후 키르기스스탄 국내 구간의 정밀 타당성 조사도 완료했다고 신문지상에 발표되었지만 아직까지도 착공했다는 소식은 들려오지 않는다. 사디르 자파로프 키르기스스탄 대통령이 미국을 방문해 미국과 독일 투자자들에게 철도 프로젝트 투자를 촉구하기도 했다. 이런 사실을 참고하면 40억 달러에서 최대 60억 달러약 5조2,400억 원~7조8,700억 원로 추정되는 자금 문제가 제일 큰 걸림돌인 것으로 짐작된다.

중국이 자체 자금을 제공하여 철도를 건설할 수도 있겠지만 최근 몇 년 동안 중국도 불경기로 자금 조달이 어려웠고 아시아 지역 긴장감 고조 등의 이슈가 있어 이 사업을 강하게 밀어붙이지 않고 있었다. 이미 시베리아 횡단 철도와, 카자흐스탄의 도스티크와 러시아 남부의 오렌부르크를 경유하여 벨라루스로 이어지는 열차 노선을 운영 중이라 유럽 배송을 위한 철도가 다급하지 않다는 점도 그 이유라고 여겨진다.

이외에도 험준한 키르기스스탄의 산악 지형을 통과해야 하는 기술적인 난관도 있고, 국제 환경단체의 환경 파괴 문제 제기도 풀어야 할 난제로 대두되고 있으며, 중앙아시아 각국의 철도와 중국 철도와의 궤간 차이 문제도 해결해야 하는 상황이다. 또한 키르기스스탄은 자국의 철도망 개량 및 동부 금광 지대로의 철도 노선을 확충하기 위해 자국 내에 다른 노선 계획을 제시하고 있는데, 이 안은 우즈베키스탄이 강하게 반발하고 있는 실정이다.

25년 동안 정체되어 왔던 이 사업이 최근 급물살을 타고 있다. 우크라이나와의 전쟁으로 국제 사회에서 고립된 러시아가 중국과의 우호 협력이 절실해졌고, 또 중앙아시아 국가들의 요구를 무시하기 어려워졌기 때문이다. 사디르 자파로프 키르기스스탄 대통령은 언론 인터뷰에서 CSTO옛 소련 지역 국가 집단안보조약기구 회의 당시 푸틴 대통령에게 CKU 철도가 꼭 필요하다고 설명했으며 푸틴도 이 프로젝트에 대해 더 이상 반대하지 않는다는 입장을 확인했다고 밝혔다. 중국 언론들도 조만간 CKU 철도 공사가 시작될 것으로 전망하고 있다.

CKU 철도가 완성되면 키르기스스탄의 경제 활성화 및 철도 교통망이 크게 확대될 것임은 자명하다. 또한 철도가 연결되면 중앙아시아에서 중국의 영향력도 지대하게 증대될 것으로 보인다. 비교적 낙후된 중국 내륙에서 인도양, 유럽 방향으로 물자와 인력 이동이 훨씬 용이해지기에 중국 서부 지역 경제 성장에 크게 도움이 된다는 것은 물론이고 중국식 인프라 표준이 주변 국가로 확대된다는 점도 의미가 크다. 태국은 100년의 세월 동안 협궤너비 1m 철로를 운영해왔지만 중국 지원을 받는 고속철도 노선에 처음으로 1.435mm 너비의 표준궤도 철로시스템을 적용했다. 세상 모든 현상에는 양면성이 있음을 키르기스스탄을 통과하게 될 철도에서도 엿볼 수 있으니 묘한 감정이 든다.

키르기스스탄과 우즈베키스탄은 이 구간의 철로를 절실히 필요로

하고 있는 반면, 카자흐스탄과 러시아는 중국 주도의 경쟁 루트이므로 내심 반갑지 않다. 중국은 이 구간에 중국식 표준궤를 깔아서 운송 속도를 더욱 높이고자 하지만 러시아는 러시아식 광궤를 깔아서 자국의 영향력을 계속 유지하려고 하니 저마다의 속셈은 모두 제각각이다.

키르기스스탄의
고려인

비슈케크의
디아스포라

키르기스스탄에도 고려인들이 살고 있다.

'고려인高麗人, 러시아어: Kopë-сарам 코료사람은 구소련 붕괴 이후 독립
국가연합의 국가들에 거주하는 한민족을 이르는 말이다. 이들의 국
가에는 러시아, 우즈베키스탄, 카자흐스탄, 타지키스탄, 투르크메니스
탄, 키르기스스탄, 우크라이나, 몰도바 등이 포함된다.'라고 위키백과
사전에 게재되어 있다. 한민족이 어떻게 이 머나먼 키르기스스탄까지
오게 되었을까? 고려인들이 이 머나먼 곳까지 오게 된 경위는 한국인
이라면 반드시 알아야 한다.

나는 지난 몇 년 동안 고려인들을 위한 시민단체 활동을 해오면서
이 과정을 연구한 적이 있고, 꽤 많은 고려인들을 만났고 지금도 그
들 중 몇몇과 연락을 주고받고 있다. 2019년에는 40여 명의 고려인들

과 함께 '3.1운동 100주년 기념 평화통일 기원 한민족 자동차랠리' 행
사를 하면서 모스크바를 출발하여 중앙아시아 여러 CIS 국가와 몽
골을 거쳐 중국으로 들어가 북경, 단둥, 하얼빈, 만주 일대를 경유하
면서 26,000km 거리를 달려 서울로 오면서 각 지역의 고려인들을 만
나 본 의미 깊은 경험을 한 적도 있다. 간략하게 고려인들의 역사, 한
민족 디아스포라의 역사를 알아보자.

———

"함경도 무산 출신 최운보와 경흥 출신 양응범이 이끄는 13가구 65명
이 올해 1월 이주해 프리모리예 포시예트의 마을을 개척하며 농사를
짓고 있다."

———

1864년 9월 21일 러시아 우수리스크의 포시예트 경비대장 레자노

프가 상부에 제출한 보고서의 한 대목이다. 1860년 청나라와 러시아는 베이징조약을 체결하면서 극동 연해주 지역은 러시아 영토가 되었다. 공식적으로 조선인이 두만강 건너 러시아령으로 최초 이주한 것은 1863년이다. 앞에 예시한 보고 내용이 바로 이 해에 조선인 13가구가 러시아령 노브고로드만 연안지금의 지명으로는 크라스키노의 포시에트 지역 지신허地新墟로 이주했다는 사실이 러시아 정부에 기록된 최초의 보고 내용이다.

당시의 연해주는 황량한 불모지로 사람이 거의 거주하지 않는 빈 땅이었다. 1869년에는 함경도 지방의 홍수로 '기사흉년'이 발생해 농민 6,500여 명이 대거 이주하는 등 봉건 지주들과 관리들의 수탈과 폭정, 기아에 견디다 못해 두만강을 넘는 조선인은 갈수록 늘어났다. 인력이 부족했던 러시아는 조선인의 이주를 반대하지 않았고 이 사실이 조선 전역에 소문으로 퍼지면서 1902년도에는 이주자 숫자가 32,000여 명에 이를 만큼 해를 거듭할수록 연해주로 이주하는 가구는 늘어났다.

특히 1905년 을사늑약 전후에는 국권을 되찾겠다는 신념으로 수많은 지식인들과 애국지사들이 연해주로 옮겨가기 시작했다. 이범윤·이상설·이동휘·이동녕·신채호·박은식·최재형·홍범도·안중근 등의 애국열사들이 독립군을 조직하고 애국계몽운동을 펼치면서 조선인 학교가 세워지고 한글 신문과 잡지가 발간되기도 했으며 우리말 극단도 창립되면서 연해주는 항일독립운동의 요람으로 거듭났다.

1918년 4월 일본군이 블라디보스토크에 상륙하여 러시아 공산 혁명 반대 세력인 백군을 도와 적군의 축출에 나섰다. 이 일본군이 연해주를 떠난 1922년 10월까지 이 지역 한인들은 일본군에게 혹독한 억압을 받았다. 왜군이 철수하자 조선인들은 사회주의 국가 건설에 적극 참여했다. 민족 차별 정책이 폐지되고, 토지가 분배되어 약소민족의 희망이 이루어지리라 믿고 공산당에 가입하면서까지 소련 정권 수립에 적극 호응했다.

하지만 1931년 일본이 만주사변을 일으켜 소만 국경을 위협하자 소련은 바짝 긴장하게 된다. 모스크바 지도부는 외모가 일본인과 거의 비슷하고, 일본말을 잘하며, 소련 국적을 취득하지 않았다면 국제법상으로 일본의 식민지 국적을 소지하고 있는 조선인들을 위험 분자로 간주했다. 1930년대 후반 유럽에서는 제2차 세계대전의 전운이 감돌고 있었으며 극동에서는 일본 관동군과 소련군 사이에 흑룡강과 우수리강 유역에서 군사 충돌이 점점 잦아졌다.

1937년 일본이 중일전쟁을 일으켜 중국 본토를 침략하자 일본과 소련 간에 전면전이 일어날 수도 있는 일촉즉발의 상황이 되었다. 조선인들이 일본에 협력할 것을 우려한 소련 정부는 NKVD내무인민위원회, 소련 KGB의 전신를 중심으로 1935년부터 준비해오던 작업을 전격적으로 진행하기 시작했다. 조선인들의 교육 정도, 경제력과 법적 지위 등에 대한 상세한 수집 정보를 토대로 조선인 사회에 영향력이 있다고 판단되는 엘리트들을 직장에서 강제 해고하고 압수수색과 동시에 무차별 체포하였다. 1935년부터 1937년 동안 증거를 조작해서, 혹은 증거도 없는 상태에서 약 2,500명의 지식인과 지도층 인사들을 수감하였다가 일제 관동군의 스파이 혐의를 뒤집어씌우고 약식 재판을 통해 사형을 선고하고는 대부분 즉결 총살 처형했다.

1937년 가을 스탈린은 조선인 강제이주정책을 발표함과 동시에 강제이주를 집행한다. 소련 당국은 출발 일자를 불과 3일, 길어야 일주일 정도를 앞두고 이주를 통보하여 조선인들이 제대로 대응하거나 준비할 틈도 없이 집결지에 모이도록 강제하였다. 두만강을 건너와 몇 년 동안 피땀을 흘리며 처절한 고생 끝에 겨우 농토를 마련하고 안정적인 생활을 시작하게 된 수많은 조선인들은 거의 맨몸으로 무기력하게 기차에 실려 중앙아시아로 끌려갔다.

전체 이주 인원은 소련 당국의 공식 집계로는 171,781명이다. 하지만 통계에 잡히지 않은 인원까지 포함하면 20만 명 내외로 보는 견해가 지배적이다. 1937년 9월부터 12월 말까지, 연해주에서 우즈베키스탄의 타슈켄트까지이동 거리 6,400km 강제 이주를 집행하기 위해 총 124편의 열차가 동원되었다. 한 편의 열차는 화물열차를 급히 개조한 객차 50량으로 구성되었다. 객차는 이층칸으로 되어 있었고 객차마다 난로가 하나씩 배정되었지만 땔감도 없었고, 달리는 열차의 목판 틈

새로 밀려들어오는 겨울 시베리아의 매서운 추위 앞에서는 무용지물이었다. 한 객차에 4~7가구, 30명 정도가 실려졌다. 가축도 함께 실었으며 화장실도 따로 없었다. 이동 기간 내내 좁은 공간에만 갇혀 지내야 했기 때문에 객차 안의 위생 상태는 당연히 불결했다. 식량은커녕 식수도 부족했으며 의료 지원은 거의 없었다. 고령자나 질병이 있던 병약한 사람은 물론 건장한 사람들도 버티지 못할 만큼 참혹한 지옥의 여정이었다. 이동 중에 굶주리거나 질병에 걸려 사망한 사람만 2만~5만 명으로 추산된다.

생각해보자. 강제로 급히 끌려왔기에 식량과 의복 등 세간살이도 제대로 챙기지 못했다. 음식을 준비할 여유도 없었으니 식사는 어떻게 해결했을까. 목적지가 어딘지도 모른다. 하루 이틀도 아니고 얼마나 걸릴지, 언제 도착할지도 모른다. 급히 개조한 화물 열차에 가축들도 같이 실렸고, 허리도 제대로 펼 수 없는 비좁은 공간이다. 실내에 화장실도 없다. 하루 한두 번 정차할 뿐이며 그게 몇 시에 멈출지 모르니 배변 생리 현상을 참는 것도 한계가 있었다. 체면을 중시하던 조선인들이 겪었을 수치심은 어땠을까. 처음엔 기차가 정차할 때마다 용변을 해결하고 먹을 것을 구하느라 분주히 뛰어다녔다고 한다. 열흘이 지나자 이동 중에 죽는 사람이 생겨나기 시작했고, 정차할 때마다 가매장을 하는 일이 이어졌다고 한다. 나중엔 장례는 언감생심 가매장조차 하지 못하고 철도변 들판에 그냥 시신을 방치했다고 한다.

화물열차 내부에 쌓인 오물과 대소변 옆에서 짐승처럼 먹고 자면서 버틴 이들이 겪었던 그 좌절감과 절망감, 공포심은 어땠을지 짐작도 하기 싫을 정도이다.

그런 끔찍한 여정을 거쳐 카자흐스탄과 우즈베키스탄, 러시아 남부 일대에 도착하여 강제 이주 조치되었지만 조선인들의 도시 거주는 처음부터 철저히 금지되었다. 농사에 능하고 억척스러운 조선인들을 이용해 중앙아시아의 불모지를 농업 지대로 바꾸려던 소련 당국의 속셈이 있었기 때문이다. 농촌 지역이나 황무지로 가서 처절한 생존을 시작해야 했다. 그나마 운이 좋은 조선인들은 현지인이 비워준 거주지에 들어가거나, 현지인들과 동거하기도 했지만 갈 곳이 없었던 대부분의 사람들은 얼어 죽지 않으려 풀조차 자라지 못하는 황량한 들판에 토굴을 파서 짐승 같은 생활을 하며 목숨을 연명했다고 한다. 강제 이주 열차가 최초로 이주민을 하차시킨 카자흐스탄의 우슈토베 외곽에는 지금도 그 토굴의 흔적이 남아 있다.

직접 들은 고려인 1세대 어른의 증언이다.

———

"1937년도 9월 초 이튿날, 변소도 없는 짐 싣는 기차에 다 실어서 짐승들처럼 그렇게 실려 갔어. 그거, 내 지금도 생각해 보면 야 … 가뜩이나 아이들은 얼마나 죽었겠소. 카자흐스탄 크즐오르다 벌판에다가 던져 놓고 너 살겠으면 살고 죽으면 죽고 알아서 하라고 했어. 어쨌든

지 아이들이 2살까지는 다 죽었소. 기후가 기후인지라 어린아이들이 2
살까지는 다 죽어버렸소. 아침에 일어나면 저 집에서 울음소리 나고,
이 집에서 울음소리 나고, 먹을 물 없고 해서 손도 씻고 빨래도 하고,
그런 물 마시고 애들이 죽고 ⋯"

─────

선조들은 한민족 특유의 끈기와 지혜로 엄청난 고난들을 하나씩
하나씩 슬기롭게 극복하면서 무에서 유를 창조했다. 안타깝게도 세
월이 흘러 이제 거의 대부분 저 세상으로 떠난 이주 1세대 선조들은
자신들은 끼니를 거르면서도 미래를 위해 자식들에게만은 학업을 잇
게 했고, 그 결과 대부분의 2세대, 3세대들은 구 소련의 지식인 사회
에 합류하게 되었다.

특히 1953년 거주지 이동 제한이 풀리자, 카자흐스탄과 우즈베키
스탄에서 거주하며 성실성과 근면성을 바탕으로 이주지에서 자리잡
은 고려인들은 키르기스스탄을 비롯한 중앙아시아 각 지역으로 빠
른 속도로 퍼져 나가게 되었다. 젊은 고려인 학생들은 대도시로 진출
하여 학업을 이어 나갔고 그 후 이들은 소련 각지에서 두각을 나타내
며 저마다 자기 분야에서 괄목할만한 성과를 거두면서 현지 주체 세
력으로 자리잡았다. 그 뒤를 이은 고려인 3세, 4세들도 눈부신 활약
을 거듭하며 경제, 사회, 정치, 교육 등 각 분야에서 전문가가 되어 지

강제 이주 열차

금의 러시아를 비롯한 인근 CIS 국가들의 중심 세력이 되어 국정을 이끌고 있다.

2017년 외교부에서 발표한 재외동포 현황에 따르면 현재 우즈베키스탄에 181,000명, 러시아에 170,000명, 카자흐스탄에 110,000명, 키르기스스탄에 17,000여 명의 고려인들이 살고 있는 것으로 집계되고 있다.

우리가 희미하게 알고 있는 고려인에 대한 이야기는 멀리 떨어진 예전의 이야기, 우리 국민들과는 별 상관이 없는 이야기로 여겨질지도 모른다. 하지만 사실은 우리에게 그렇게 먼 이야기가 아니고 남의 이야기도 아니다. 오히려 분명히 알아야 하고 기억해야만 하는 중요한 이야기이다. 고려인의 역사는 바로 우리의 역사이기 때문이다.

비슈케크와
최재형 선생

항일 독립운동의
최고봉

지난 2023년 5월 25일, 비슈케크 도심 내 공동묘지의 한 묘비 앞에서, 한국의 전주 최씨 문중에서 주최한 고유제가 엄숙한 분위기로 진행되었다. 세월의 흔적으로 빛바랜 묘비에 새겨진 이름은 최 엘레나 페트로브나. 비운의 독립유공자 가족이다. 1880년 출생, 연해주에서 최재형 선생과 결혼했다. 악랄한 일제의 만행에 남편을 잃고 1937년 스탈린의 조선인 강제 이주 정책에 의해 머나먼 비슈케크까지 쫓겨와 살다가 1952년 사망한 그녀는 대한민국 임시정부의 초대 재무총장 최재형 선생의 부인이었다. 이날의 고유제는 머나먼 중앙아시아 키르기스스탄의 외로운 공동묘지에 묻혀 있던 최 엘레나 여사의 유해를 조국의 국립현충원으로 봉환하겠다는 것을 선조 영령께 고하는 의식이었다.

최재형 선생은 1860년 함경북도에서 태어났다. 관리들의 약탈과 굶주림에 견디다 못해 이주를 작정한 조부와 부친의 손에 이끌려 두만강을 건너 연해주로 넘어온 한인 이주 1세대이다. 연해주 최초의 한인 마을인 지신허의 첫 거주자 명단에 선생의 이름이 기록되어 있다. 연해주로 와서도 허기를 견디다 못한 그는 9살 때 가출을 했으나 자루비누 항구의 부둣가에서 굶주림에 지쳐 쓰러졌고, 쓰러진 소년의 예사롭지 않은 눈빛과 인성을 알아본 러시아 선장 부부에게 구조됐다. 선장과 함께 6년간 무역선을 타고 전 세계를 돌아다니며 견문을 넓히고 배움을 익혔다. 연해주로 돌아와 러시아군 통역과 군납업으로 큰 재산을 모으고 이 지역의 도헌군수이 되었다.

선생은 가진 부와 지위를 최대한 활용해 연해주 일대의 한인촌에 30여 개의 학교를 세우고, 우수한 학생들을 대도시로 유학을 보낸 뒤

최재형 선생 부인 묘 참배

이들이 다시 돌아와 학교에서 동포 아이들을 가르치도록 후원을 아끼지 않았다. 그는 1908년 독립운동 조직인 동의회를 조직한 데 이어, 은밀하게 의병부대인 대한의군에 무기와 숙식을 제공했고, 이듬해에는 동포신문인 '대동공보'를 인수해 사장직을 맡았다. 의병 조직인 동의회를 통해 우리 동포에게 일자리를 소개하고 교육을 보급한 권업회의 창설을 주도하는 등 일제강점기 러시아 연해주 지역 항일독립운동의 최고봉이었다.

선생의 업적 중 가장 주목해야 할 사항은 침략의 원흉 이토 히로부미를 암살한 안중근 의사의 의거를 계획 지휘하고 적극적으로 후원했다는 사실이다. 안중근 의사가 결의를 다지고자 단지 동맹을 한 곳도 최재형 선생의 집이었고, '대동공보'의 기자증을 발급받아 일제의 삼엄한 경비망을 뚫고 하얼빈으로 갈 수 있었던 것도 최재형 선생의 보살핌 덕분이었다. 1919년 상하이 임시정부 수립 때 그는 초대 재무총장이 되었다. 선생이 연해주 일대에 거주하는 우리 동포들을 워낙 따뜻하게 보살펴 러시아어로 '난로'란 뜻의 '최 페치카'로 불리며 존경을 받았다.

그러나 1920년 4월 5일 자택을 급습한 일본군에 체포되었고 불과 이틀 만에 사형당해 순국했다. 이 과정에서 재판 기록도, 처형 기록도, 시신의 흔적이나 처리에 관해서도 알려진 바가 전혀 없다. 정부는 1962년 선생에게 대한민국 건국훈장 독립장을 추서하고 후손의 요청에 따라 1970년 서울 국립현충원에 가묘를 만들었다. 그러나 나중에 이 후손이 보훈연금 수령을 노린 가짜였음이 드러나고, 가묘는 관련 법률에 따라 멸실됐다.

키르기스스탄 한국대사관을 비롯한 관련 단체들은 이미 오래전부터 여사의 유해를 봉환하여 서울의 국립현충원으로 옮기려 노력했지만 현행법상 유골이나 시신이 있는 경우에만 국립묘지 안장이 가능하여, 시신의 행방이 모호한 최재형 선생의 경우에는 부인의 유해를 봉환할 수도 없었고 고국으로 봉환해도 묘지를 만들 수도 없는 상황이었다. 이에 최재형 선생 기념사업회와 국가보훈부 등 관련 단체와 기관들이 나서 여론을 조성하면서 법 개정 작업에 착수했다. 그 결과 2023년 6월, 유해가 없는 순국선열도 배우자와 함께 안장이 가능하도록 하는 '국립묘지의 설치 및 운영에 관한 법률' 개정안이 국회에서 의결되고 드디어 그 해 광복절에 즈음하여 유해를 봉환하게 되었다. 여사의 유해는 머나먼 이국땅 비슈케크의 공동묘지를 떠나 국적기를 이용해 서울로 옮겨졌고, 마침내 부군의 위패와 함께 서울 현충원의 애국지사 묘역에 안장되었으니 얼마나 다행스런 일인지 모른다.

유해가 고국으로 떠나고 남은 그녀의 묘자리에는 지금 우리 국민들의 성금으로 만들어진 기념비가 세워져 있다.

70년만의
고국 방문

할배 할매의
나라

2023년 5월 키르기스스탄에서 반가운 사람들이 인천공항으로 입국했다. 키르기스스탄에서 살고 있는 고려인 중 8명의 고려인 3세들이 생전 처음으로 한국에 왔다.

인천공항에서 간단히 가진 환영식에서 이들은 "우리 할배와 할매의 나라이며 내 아버지의 나라, 내 나라이기도 한 이곳을 오는데 60~70년 걸렸다"고 말했다. 조국의 품에 안긴 동포들의 2주일은 정말 순식간이었다.

서울에서 강릉으로, 바다가 없는 키르기스스탄 동포들은 강릉 앞바다에서 생애 처음으로 바다를 만났다. 내륙인 청주로 갔다가 제주도로 건너가서 아름다운 한라산을 즐기고 다시 육지로 넘어왔다. 광주에서 여수로, 부산을 거쳐 다시 서울로 가는 전국 일주 일정 동안

많은 이들이 지원과 자원봉사를 아끼지 않으며 따스한 동포애를 발휘했다. 특히 전 일정 내내 고려인들을 위한 활동가 이황휘 씨가 이들을 물심양면으로 보살피며 헌신적인 수고를 베풀었다.

몇몇 시민단체를 비롯해 많은 개인들의 성원 덕분에 키르기스스탄에서 생애 처음 고국을 찾은 고려인들은 한국땅에서도 생전 처음으로 많은 것을 경험할 수 있었다. 동해 바다와 제주 바닷물에 발을 담가 본 것도 생애 최초의 경험이며, 그토록 간절히 입어 보기를 원했던 한복을 입고 기념촬영의 기회도 가졌다.

방문 일정 도중 몇 번이나 감격의 눈물을 훔치는 고려인들의 모습을 지켜보면서 선대로부터 듣고 상상만 해온 모국이 이분들의 가슴에 어떻게 기억될까 궁금했다.

처음 방문한 한국땅이며 대부분 한국말을 못하는 고려인 후손들이지만 모국의 정을 나누는 데 언어는 전혀 문제가 되지 않았다. 나서지 않고 음지에서 활동하시는 몇 분이 노력한 결실로 결코 요란하거나 화려하지는 않았지만 환영식과 환송의 자리까지 마련하게 되었고, 현지로 돌아간 고려인들로부터 진심이 담긴 감사의 인사도 전해왔다.

키르기스스탄 현지의 고려인협회와 연계하여 이런 큰 울림이 있는 뜻깊은 행사를 정기적으로, 또 지속적으로 전개했으면 하는 바람은 나 혼자만의 마음은 아닐 것으로 믿는다.

나는 러시야 원동

이만강변 조선사람이다

백두산 신령이 먹이지 못해

멀리 강 건너로 쫓아낸

할아버지의 손자로다

러시아의 '마마'보다도

카자흐의 '아빠'보다도

그루지아의 '나나'보다도

조선의 '어머니'란 말이

내 정신에 뿌리 더 깊다.

난 조선사람이다

난 조선인이다

– 고려인 1세대 작가 김준(1900-1979)의 시
'나는 조선사람이다' 중에서

당신은 지금
몇 km/h로 달리고 있는가?

인생의 속도는
나이 × 2

오래전의 얘기다. 어머니가 절에서 운영하는 노인대학교를 다닐 때다. 퇴근 무렵 어머니한테서 전화가 왔다. 꼭 들려주고 싶은 얘기가 있으니 집에 와서 저녁을 먹고 가라고 하셨다.

"자기 나이에 2를 곱하면 그게 자기 인생의 속도라고 큰스님이 가르쳐 주셨다. 듣는 순간 모두가 무릎을 탁 쳤고, 나도 그 말씀이 그렇게 와닿았기에 너한테 꼭 얘기해 주고 싶었다."

"예, 맞는 말씀입니다." 하고 맞장구를 쳤지만 그때는 감흥이 일 만큼 그렇게 크게 와닿지 않았다. 그저 그런 꽤 괜찮은 비유로구나 하고 여기고는 오랜 시간 그 얘기를 까맣게 잊고 살았다. 그런데 50살 생일날 저녁에 내가 벌써 나이 오십인가 하다가 불현듯 그 말씀이 뇌리를 치며 떠올랐다. 그날 이후 30년쯤 전에 크게 공감하지 않았던

Life & Story

이 시간의 속도가 날이 갈수록 점점 더 의미심장하고 무겁게, 무섭게 와닿는다.

10살 소년이면 시속 20km/h.

자전거로도 쉽게 도달할 수 있는 속도, 쉬면서 놀면서 유유히 달릴 수 있는 속도이다.

15살 학생이면 시속 30km/h.

돌발상황이 발생해도 대처할 수 있는 속도이기에 학교 앞이나 어린이 보호구역 등에서 법으로 강제하는 속도이다.

현행 청년기본법에서는 청년의 나이를 19세에서 34세까지로 규정하고 있다. 30세 청년이라면 시속 60km/h의 속도로 인생을 정주행 중인 셈이다. 자동차가 달릴 때 엔진이나 변속기 등의 구동계와 바퀴 등 모든 부품들은 이 속도에서 가장 부하가 적게 걸리고 연료 소모도 가장 효율적이라고 한다. 그래서 이 속도를 정속 주행이라하며, 세계 각국의 대도시에서 시가지 안전 속도로 지정될 만큼 안정적이다.

40대를 시작하는 마흔이라면 시속 80km/h로 달리는 셈이다. 맡은 직책이나 업무에서도 점차 전문가가 되기 시작하는 나이이다. 이에 걸맞게 자동차 전용도로나 대다수 국도에서 지정된 쾌적한 속도이다.

50대. 2를 곱하면 시속 100km/h이다. 현행 우리나라 고속도로 최고 주행속도는 100~110km/h로 제한되어 있다. 조금만 주의를 소홀하면 사고가 날 수 있고 아차 하는 순간 대형사고로 이어질 수도 있는 속도이다. 조금 더 빨리 달리면 가차없이 날아온다. 속도위반 과태료. 한눈 팔면 안 되는 나이이다.

60대를 넘어서면 항시 120km/h가 넘는 빠른 속도로 달리는 위험 상황이 시작된다. 자칫하면….

70대를 넘어서면 본인의 의도와는 관계없이 시속 140km/h 이상을 달리는 총알택시에 실린 신세나 마찬가지이다.

놀랍다. 어머니께 이 얘기를 들은 게 벌써 30년도 더 지났다는 사실이. 두렵다. 노인대학에 다니셨던 그때 어머니보다 지금 내 나이가 더 많다는 사실이.

지금 당신은 몇 km/h의 인생 속도로 달리고 있는가?

볼리비아 우유니 소금사막

이식쿨호수 Lake Issyk-Kul

신이 키르기스스탄에
내린 선물

키르기스스탄에는 톈산天山산맥을 중심으로 크고 작은 약 2천 개의 호수가 존재한다. 그중 가장 큰 호수가 이식쿨호수다.

키르기스어로 '뜨거운 물'이라는 의미를 가지고 있는 이 호수는 가장 긴 곳의 길이는 180km, 폭은 62km 정도로 무려 제주도의 3.5배에 달할 만큼 엄청난 넓이를 자랑한다. 경상북도와 비슷한 면적으로 세계에서 24번째로 큰 호수이다. 담수량으로는 세계에서 10번째이다. 평균 수심은 280m이며 최대 수심도 702m어떤 자료에서는 668m 라고 한다로 세계에서 7번째로 깊은 호수라는 기록을 가진 대단한 호수이다. 또한 호수면의 해발고도가 1,600m인 이 호수는 남미의 티티카카호에 이어 세계 두 번째로 큰 산정호수이며, 호수물의 투명도도 시베리아의 바이칼호수에 이어 세계 두 번째로 꼽힌다고 한다.

호수 바닥에서 온천수가 나와 한겨울에도 얼지 않는 호수로도 유명하다. 아직 자연 그대로의 모습을 간직하고 있어 당연히 유네스코로부터 세계 청정지역으로 지정되었다. 호수 주변을 감싸고 있는 신비로운 만년설에 뒤덮인 산들이 선사하는 아름다운 풍광과, 그 산의 침엽수림을 지나온 바람을 타고 전해오는 대자연의 향기는 이 호수를 더욱 특별한 곳으로 만들어 준다.

세계 최초의 우주 비행사였던 유리 가가린이 우주에서 지구를 보았을 때 만리장성이나 피라미드는 보이지 않았고, 사람의 눈을 닮은 이식쿨호수가 더 놀라웠다고 말한 사실과, 우주 여행을 마친 후 나빠진 건강을 이곳에 와서 치유하고 회복하면서 소련의 우주 비행사를 위한 휴양지로, 또 공산당 고급 간부들의 고급 휴양지로 얻은 명성을 지금까지도 잘 유지하고 있다.

바닷물에 견주어 20% 정도에 불과한 약한 염분을 함유하고 있어

이식쿨호수(Lake Issyk-Kul)

수영하기에도 좋고 피부병 치료에도 탁월한 효과를 나타낸다. 이 사실이 입소문을 타면서 중앙아시아 각국의 부호들이나 러시아 부자들이 즐겨 찾는 휴양지로 각광을 받고 있다.

이식쿨호수는 바다가 없는 키르기스스탄에서 수평선을 볼 수 있는 유일한 곳이다. 이 호숫가에 오면 누구나 해변에 와 있다는 착각을 하게 된다. 갈매기를 대신하는 산새들도 많고, 크게 출렁이지는 않지만 파도도 쉼 없이 밀려온다. 모래사장도 있고 비치 파라솔도 볼 수 있다. 바다에 온 듯 착각을 일으킬 정도로 넓으나, 수평선 너머로 보이는 만년설에 덮인 톈산산맥의 준봉들로 만들어진 스카이라인은 세계 어떤 곳에서도 만나기 어려운 신비롭고 경이로운 풍경을 방문객에게 선사한다.

산에서 호수로 유입되는 빙하의 얼음물이 염분과 만나 증발하면서 염도가 일정하게 되어 미네랄 함유량을 유지하고, 화산 작용으로 호수 바닥에서 온천수가 솟아나기에 한겨울에도 얼지 않는 특성을 갖고 있다. 호숫물은 여름에는 수영하기 적당한 섭씨 20도를, 겨울에도 영상의 온도를 유지하기에 한겨울에도 수영을 하는 사람들이 있을 정도이다.

배를 타고 호수 안으로 들어가 만년설을 이고 있는 톈산산맥을 바라보고 있노라면, 평안함과 안정감에 영혼까지 맑아지는 느낌이 밀려온다. 깨끗하다. 맑다. 수정 같은 맑은 물이라는 건 바로 이런 것이라는 데 공감하게 된다. 이 너른 호수 주변엔 공장도 없고, 수자원 보호를 위해 어업을 허용하지 않기에 관광객을 위한 유람선 말고는 배도 없다. 덕분에 태초의 상태란 바로 이런 게 아닐까 싶은 청결함이 유지되고 있다. 이 세상 사람들 모두 이 호숫물처럼 맑고 투명하게 산다면 얼마나 좋을까 하는 생각도 절로 든다. 이식쿨호수는 신이 키르기스스탄에 내려 준 가장 아름다운 선물 중 하나임이 틀림없다. 키르기스인들은 이 호수를 바다라 부르며, '톈산의 진주'라 칭하는 데 주저하지 않는다는 사실에 저절로 고개가 끄덕여진다.

이식쿨호수는 키르기스스탄 관광의 중심이기도 하다. 최근 단순히 보고 즐기러 오는 관광객들보다 질병 치유를 목적으로 이곳을 찾는 이들도 늘어나면서 새로운 수입의 원천으로 급부상하고 있다. 특히 관절염에 효과가 높은 것으로 알려진 라돈 온천, 자연 치유에 도움을 준다는 비옥한 토양 성분, 맑은 공기와 연중 일정하고 적절한 습도 등이 각종 질병 치유에 탁월한 효과가 있음이 알려지면서, 호수 주변의 펜션이나 요양소, 리조트 등지에는 치료를 위해 장기간 체류하면서 건강 관리를 하려고 세계 각지에서 찾아온 사람들로 붐비고 있다.

또 이식쿨호수에는 고대 문명이 가라앉아 있다는 전설도 전해온다. 유람선을 타고 이식쿨호수 안으로 가면 유람선 선장들이 사진 등 관련 자료를 제시하면서 호반을 따라 청동기시대 유물들스키타이 일족

이식쿨호수(Lake Issyk-Kul)

'사카족' 또는 '오손족'이 인양된 흔적들을 보여준다. 9~10세기의 아랍과 페르시아인들의 저술에 의하면 이식쿨호 안에는 시쿠르와 상上 바르스혼이란 두 도시가 있었는데, 상 바르스혼은 실크로드 한가운데 위치하면서 동서 교통의 요지에 자리하고 있었다고 기술되어 있는 걸 보면 전혀 과장이 아닌 것 같다.

소련 고고학 연구소가 1958년부터 탐사를 시작하여 성벽 흔적 및 거대한 취락 흔적을 발견한 이래, 현재도 더디긴 하지만 조금씩 탐사 작업이 진행중에 있다고 한다.

또 하나 재미있는 사실은 디이르갈란강과 튜프강을 비롯해 모두 118개의 강이나 물줄기가 이식쿨호수로 흘러 들어오는데, 호수에서 외부로 흘러 나가는 물줄기는 단 한 자락도 없다는 사실이다. 게다가 이식쿨호수의 생태계는 이곳에서 직선 거리로 500km나 떨어진 카자

♣ 이식쿨호수가 얼었다!
호수 바닥에서 더운 온천물이 솟아나기에 키르기스스탄에서 겨울에 얼지 않는 유일한 호수라지만 기후 변화에 따른 이상 기후의 위기를 이식쿨호수도 피해갈 수는 없었다. 2024년 1월, 호수 주변이 영하 30도를 기록하면서 사상 처음으로 호수가 얼었다는 뉴스를 보았다. 얼음 조각이 둥둥 떠 있는 이식쿨의 사진은 충격적이었다. 독일의 환경론자들이 주장한다는 2050년 지구 멸망론이 뇌리를 스치면서 소름이 돋았다. 수천 년 동안 '얼지 않는 호수'로 인식되어 온 이식쿨이기에 기후 변화에 따른 지구 위기감이 더욱더 크게 다가온다.

흐스탄의 발하쉬호수와 닮아 있어 이들 두 호수가 지하로 연결되어 있다는 설이 조금은 신빙성이 있게 들린다. 실제 이 지역에는 이들 호수가 땅속으로 연결되어 있다는 전설이 전해온다.

직접 호수를 한 바퀴 돌면서 흘러 들어가는 물줄기를 세어보고, 흘러 나가는 강이 있나 없나를 확인해 보는 것도 재미있을 것 같다.

이식쿨호수를 생각하면, 톈산산맥 자락을 벗삼아 이 호수를 한 바퀴 돌면서 스카즈카계곡, 바르스쿤계곡, 알틴아라샨, 제티우구스, 카라콜, 수많은 온천 등 곳곳의 숨은 비경들을 다시 볼 수 있다는 기대감으로 언제나 가슴이 두근거린다.

송쿨호수 Lake Songkul

키르기스스탄의
보석

이름만 들어도 가슴이 설레는 송쿨호수!

송쿨호수Lake Songkul에 대해서는 하고싶은 얘기가 너무 많다. 비슈케크에서 송쿨호수까지는 차를 타고 쉬지 않고 가더라도 꼬박 6시간 이상 걸리는 여정이다. 그렇지만 키르기스스탄에 갔을 때는 거의 항상 이 호수를 찾아갔을 만큼 내게 강렬한 인상을 남겨 준 곳이다. 아니 어쩌면 송쿨호수를 가기 위해 키르기스스탄에 갔다고 해도 될 만큼 내가 홀딱 반한 곳이다. 여태까지 여섯 번을 올라가보았다. 한 마디로 그만큼 송쿨호수는 대단한 곳이었다.

비슈케크에서 송쿨호수로 가는 길은 두 갈래가 있지만 동쪽으로 가서 코치코르를 거쳐가는 길이 도로 상태가 훨씬 더 양호하고 시간도 단축된다. 코치코르 마을은 송쿨호수 여행을 위한 베이스 캠프 역할을 하고 있다. 많은 가구들이 민박이나 식당을 겸하고 있으며 동네 마트에서는 어지간한 식료품은 물론, 한국 브랜드의 된장이나 간장, 각종 라면까지도 구할 수 있다. 송쿨호수로 가는 여행은 사실상 이 마을에서 본격적으로 시작된다. 코치코르부터는 험준한 비포장도로라 대형 버스는 올라갈 수 없다. 여기서 작은 차로 갈아타야 한다. 이 나라 대부분의 산악도로가 그러하듯 이 길 또한 한국에서는 결코 볼 수도, 경험할 수 없는 고도이며 거친 비포장도로이다. 끝없이 구비를 돌고 돌면서 한없이 올라간다. 구비를 돌 때마다 차창 밖의 풍광이 바뀌면서 감탄도 쉴 없이 이어진다.

그렇게 한 시간 이상을 탄성을 지르며 올라가면 칼막애슈 고개 Kalmak Ashuu Pass에 닿는다. 해발 3,447m, 백두산에다가 청송의 주왕산을 더 포갠 만큼의 높이이다. 민감한 사람은 살짝 고산병 증세를 호소할 고도이지만 차에서 내려 기념사진은 필수다. 아마도 대부분의

송쿨호수(Lake Songkul)

방문객은 생애 가장 높은 곳에 올라왔다고 환호하며 흥분할 것이니까. 또 청결상태는 보장할 수 없지만 화장실도 있다. 키르기스스탄에서 야외 화장실은 굉장히 드문 시설이다. 게다가 무료이다. 이 고개에서 호수까지는 내리막길이다. 호수 북쪽까지 약 10km 정도의 거리이지만 워낙 공기가 맑고 시야가 깨끗한 곳이라 바로 눈앞에 호수가 있는 걸로 착각하기 십상이다. 시야 왼쪽 끝에서 오른쪽 끝까지 파노라마로 펼쳐지는 장엄한 호수를 바라보며 누구나 감성에 젖게 된다. 해발 3,000m 넘게 올라왔음에도 호수는 설산 아래 얌전하게, 야트막하게 자리잡고 있어 바라보는 것만으로도 마음이 안정된다.

처음 이 호수를 찾은 건 2015년 6월이었다. 서울에서 내 차를 가지고 왔었다. 차로 호수를 한 바퀴 돌아보니 딱 100km였다. 그 길에서 인공물이라고는 드문드문 떨어져 있는 유목민들이 사는 낡은 유르트뿐이었다. 전봇대는 커녕 도로표지판 하나도 볼 수 없었다. 최근 수년간 송쿨호수가 핫 플레이스로 입소문이 나자 세계 각지에서 찾아오는 여행객이 증가하여 리조트급의 숙박시설이 늘어나고 있다. 이미 스무 곳이 넘는 이런 숙박시설이 호수를 에워싸고 있으며, 그중 어떤 숙박업소는 20동이 넘는 유르트를 설치한 대규모 시설도 있다. 기업화와 자본주의는 재화를 쫓아 이 험하고 높은 오지까지 거침없이 올라와 있다.

송쿨호수는 키르기스스탄에서 두 번째로 큰 호수이다. 송Song은 '마지막'을 뜻하며 쿨Kul은 '호수'를 뜻한다. 하늘에 맞닿아 있다는 표현이 적절하다고 수긍한다. '하늘 아래 첫 호수'라는 이름에 걸맞게 호수 수면의 해발고도는 무려 3,016m로 백두산 천지보다 한참 더 높다. 어떤 책에서 남미 페루의 티티카카호수 다음으로 높은 고지대에 있는 호수라고 했는데, 키르기스스탄에서만 이보다 더 높은 곳에 있는 호수들을 몇 군데 본 나는 이 말에 동의할 수 없다. 호수 주변의 초원이 워낙 넓고, 호수를 감싸고 있는 산들이 야트막하게 여겨지니 고도가 쉽게 체감되지 않는다.

옛날 아주 오랜 옛날 송쿨호수 자리에는 호수가 아니고 궁궐이 있었다고 한다. 이 궁궐의 주인인 왕은 포악하고 잔인한 인물이었다. 톈산산맥 곳곳의 마을에서 예쁜 아가씨들을 납치해 아내로 삼았고, 사람들은 왕 때문에 아주 힘든 생활을 했다. 이를 지켜보던 산신들이 노해서 궁궐을 물로 덮어버려 지금의 송쿨호수가 생겼다고 한다. 이 호수가 아름다운 것은 여인들의 자태가 너무 아름다웠기 때문이라고 하는 키르기스스탄식 전설 따라 삼천리를 들으면 누구나 황당하다고 하기보다는 그럴싸하다는 긍정의 미소를 짓게 된다.

산꼭대기 호수라고 하지만 작은 규모가 아니다. 동서의 길이가

29km나 되고 넓은 곳 폭은 약 18km이다. 평균 수심도 13.2m라고 한다. 키르기스스탄의 7개 주州중 가장 중심에 있는 나린 주에 위치하고 있는 이 큰 호수는 톈산산맥의 한 자락인 송쿨산Сонкультау과 몰도산Молдотау이 남북으로 병풍처럼 휘감은 거대한 분지 안에 자리하고 있다. 수목한계선을 훨씬 넘어선 고도에 있기 때문에 이

드넓은 분지 평원에는 나무라고는 단 한 그루도 없다. 온갖 이름모
를 야생화와 풀뿐이다. 이 풀들을 찾아 인근의 유목민들이 다 몰려
든다. 이 풀들이 곧 그들의 식량이고 젖줄이며 생명이다. 봄이면 저마
다 소와 말, 양과 염소, 심지어 나귀와 블랙야크 등의 가축들을 떼 지
어 이끌고 올라온다. 유목민족의 전통에 쫓아 유르트를 세우고 개와

닭도 키우면서 눈 내리기 직전 마을로 내려갈 때까지 여기서 생활한다. 이게 유목민의 일상이고 생업이다. 때문에 이른 봄철에 해당하는 4월 중순이면 송쿨호수를 오르는 몇 가닥 산악도로는 가축떼들로 인해 교통체증이 생길 정도이다. 가파른 산길 꼬불꼬불 구비가 이어지는 길 전체가 겨우내 허기져 야윈 가축들로 가득하다. 이곳의 늦가을인 9월 초순이면 여름내내 잘 먹어 살이 포동포동 오른 녀석들이 토실토실한 엉덩이를 흔들며 산 아래로 떼를 지어 내려가느라, 그렇잖아도 험준하고 위험한 산길을 또 가로막는다. 이런 모습도 장관이다. 모두들 사진찍기 바쁘다. 현지인들의 터전에 와서 그들의 실생활상을 접하는 것도 큰 행운이다.

송쿨에서는 운이 좋으면 양을 잡아 손질하는 진귀한 장면도 볼 수 있고, 더 운이 좋다면 설표범이나 늑대, 여우와 같은 맹수들도 볼 수 있다고 한다. 그런 것보다 송쿨에 오면 잠을 포기하더라도 별은 꼭 봐야만 한다.

몇해 전 몽골을 일주할 때 서부 사막지대에서 별을 본 적이 있다. 모두들 환성을 지르며 환호하며 보는데 나는 속으로 어린 시절 시골의 외갓집에서 본 은하수와 별 다를 건 없다고 여겼었다. 어릴 땐 우리나라도 어디를 가나 밤하늘의 은하수를 볼 수 있었다. 숲속 나무 사이로 하늘이 열려 있었고, 초가지붕 사이로 하늘이 열려 있었는데 몽골에서는 하늘이 더 넓고 크다는 것뿐이었다. 송쿨의 밤하늘은 몽

나귀에 짐을 나눠 싣고 송쿨호수를 한 바퀴 도는 독일인 가족.
약 100km, 3박4일이 소요되는 멋진 트레킹 구간이다.

골의 별과는 전혀 다르다. 지척이었다. 누군가 실수로 밀가루포대를
터뜨려 놓은 듯, 손 뻗으면 한 움큼 잡을 수 있을 듯 은하수가 머리
위에 가득 펼쳐져 있다. 너무나도 광활하고 너무나도 황홀했다. 마치
우주 속에 내가 서 있는 것 같았다. 경외감이 들면서 전율을 느꼈다.
마약에 취하면 이런 몽롱한 정신에 빠져드는 걸까 의문이 일었다. 어
느 시인의 표현처럼 별빛에 빠진 송쿨에서는 아무 소리도 들리지 않
았다. 아무 것도 보이지 않았다. 별 말고는.

　유르트 천장 한가운데 뚫린 배기구를 통해 보이던 은하수 별들이 내 가슴으로 내려올 것 같은 기대에 새벽을 꼬박 밝힌 적이 있다. 키르기스스탄 국기에 그려져 있는 그 환기구로 여명이 파고 들어왔다. 양털로 짠 두터운 유르트 출입문 틈새로 아침 햇살이 파고 들어왔다. 그 빛살에 현지인들의 말소리와 발소리가 얹혀 함께 들어온다. 서둘러 나가보니 호수 저편 만년설 위로 붉은 해가 떠 오르고 있다. 일출은 언제나 장관이다. 어디서나 장관이다. 별이 차지하고 있던 공간은 푸른 빛을 담은 구름이 뒤덮고 있다. 그 장관 아래 수백 마리, 수천 마리나 되는 소들과 양들과 말들이 밤새 참아온 허기와 갈증을 해결하기 위해 새벽부터 풀을 뜯어먹으며 물을 마시기 위해 호숫가를 에워싸고 있다. 일출에 뒤지지 않는 또 다른 장관이다.

호숫물 속에도 만년설에 덮힌 산들이 잠겨 있다. 반영을 담아둬야 하니 인증샷은 필수다. 송쿨에서는 피사체가 무엇이건 찍으면 작품이 된다. 어느 방향이든지 흔들리지 않고 셔터만 누르면 작품이 된다. 온갖 야생화들이 저마다 생명을 자랑하면서 자태를 뽐내고 있다. 세상은 이런 것들로 꾸며져 있을 때가 가장 평화롭다. 평화롭다는 표현은 곧 행복하다는 의미를 듬뿍 담고 있다. 키르기스스탄에 와서 행복하지 않을 사람이 있을까? 송쿨호수에 와서 불행하다고 불평할 사람이 있을까? 알프스에서도 보기 힘든 그 에델바이스와 잎 모양새는 조금 다르지만 에델바이스가 송쿨호숫가에는 지천으로 널려 있다. 호숫가에 사는 동물들이 부러웠다. 송쿨의 양떼들은, 소떼들은 또 말떼들은, 염소들은 평생 이런 기막힌 절경속에서 살았으니 잡아 먹히는 순간에도 한이 없겠다는 생각이 들었다. 새들은 하늘에서 이 황홀한 풍경을 내려다 봤을 거라 생각하니 또 얼마나 새들이 부러운지….

고도 100m를 올라갈 때마다 기온은 0.6도씩 내려간다. 해발 3,000m이면 평지보다 무려 20도 가량 기온이 낮다. 그래서 송쿨에 갈 때는 여름에도 겨울 채비를 해서 가야 한다. 유르트 안에는 난로가 있다. 8년 전에는 소 배설물을 말려서 난방을 했는데 지금은 석탄

을 땐다. 지난 여름 송쿨에서 80년대 초반 군복무 시절 이후 처음으로 석탄을 만져보았다. 태양열과 발전기를 사용해 실내에 전기를 공급하고 있다. 샤워는 꿈도 못 꾸었는데 지금은 더운 물 잘 나오는 샤워장도, 수세식 화장실도 있다. 세월도 많이 지났지만 세상도 많이 변했다.

10월이 되면 송쿨호수로 가는 자동차 길은 대부분 폐쇄된다. 눈 때문에.

5월 말부터 9월 초까지가 송쿨호수 방문의 최적 시기라고 하지만 송쿨호수가 가장 멋진 시기는 아니다. 호숫물이 얼어붙고 주변 온 세상이 눈에 덮힌 겨울이 개인적으로는 가장 멋질 것으로 생각된다. 그러니까 눈에 덮힌 겨울철에도 말을 타고 송쿨호수를 찾는 여행객들이 있는 게 아닐까? 송쿨호수에서 꼭 해보고 싶은 게 두 가지가 있다. 하나는 한겨울에 말을 타고 호수로 올라가 설원의 얼음평원을 달려보는 일이고, 또 하나는 여름 송쿨호수를 한 바퀴 트레킹하며 동서남북의, 일출부터 일몰과 그후 은하수까지 시시각각 변화무쌍한 호수의 참 얼굴을 보고싶다. 딱 100km거리니까 나귀를 빌려 짐 싣고 떠나면 사흘이면 충분히 가능하다.

이걸 못하더라도, 송쿨호수를 꿈꾸고 기대하는 것만으로도 내가 행복해지리라는 것을 나는 잘 알고 있다.

송쿨호수! 언제나 이름만 들어도 가슴이 설레이는 곳이다.

알틴아라샨 Altynarasan

종착점인가
출발점인가

만년설이 녹아 흐르는 계곡, 우거진 침엽수림, 아찔한 절벽, 푸른 초원과 야생화, 기암괴석들이 어우러진 알틴아라샨이 있기에 키르기스스탄이 중앙아시아의 알프스라 불린다고 한다. 알틴아라샨은 이 나라를 대표하는 트레킹의 명소답게 여름철이면 전 세계에서 찾아오는 트레커들의 발길이 끊이질 않는 곳이다.

카라콜 시내에서 알틴아라샨 트레킹 코스의 시작점인 테플류클류첸카 Teploklyuchenka 마을까지는 약 10km 거리이다. 이 마을에서 알틴아라샨 산장이 있는 곳까지의 거리는 14km이다.

두 가지 방법 중 하나를 선택해야 한다. 걸어서 가든지 산악용 사륜차를 타고 가든지. 도보로 가면 편도 5시간 정도 소요되고 차로는

2시간 정도 걸린다. 산악용 차량이라고 해서 특별히 산악 전문 자동차거나 일반 사륜차를 특수하게 개조해서 업그레이드 한 차량이 아니다. 러시아제 사륜 군용 트럭의 화물칸을 버스처럼 개조한 것, 아니면 시베리아와 몽골에서 많이 볼 수 있는 초록색 미니버스 푸르공이 주종이다.

간혹 일본제 사륜구동형도 보인다. 공통점이 있다. 하나같이 제작 연식이 불분명한 차들이라는 점이다. 50년은 거뜬히 넘었을 듯한 늙고 낡은 차들이 여기서는 엄연히 현역이다.

당연히 비포장도로를 달린다. 네 바퀴는 흙으로 된 지면보다는 깨지고 부서진 바위 파편들을 더 많이 밟고 올라간다. 비명을 내지르는 듯한 엔진 소리, 옆으로 흔들리고 위아래로 널뛰듯 하면서 차 벽면에

만년설 덮인 알틴아라샨 펠라카봉

제조사도, 연식도 알 수 없는 낡은 차량이지만 엄연히 현역이다.

머리를 부딪힐까 염려해야 될 때도 있지만 차
창 밖의 풍경은 이 모든 고행을 잊게 할 만치
절경이다. 차를 타고 가다가 절벽길을 지날 때
는 추락하면 어쩌나 하는 걱정이 슬그머니 올
라오면서 오금이 저려온다. 걱정은 온건히 탑
승자의 몫이다. 그럴 때도 방법은 있다. 세워달
라고 해서 내려서 걸어가면 된다. 입 꾹 다물
고 말을 안 해서 그렇지 사람 마음은 다 똑 같
은 모양이다. 기사양반도 그런 심정을 잘 알기
에 조금도 망설임없이 차를 멈추고는 걸어가기
를 희망하는 승객을 내려주고 주저 없이 출발
한다. 그리곤 위험 구간이 끝난 곳에 차를 세
워 두고 기다려 준다. 마지막 2km 구간이 특
히 경사가 심하고 더 험하다. 고개를 올라서면
몇 채의 유르트가 오랜 옛날부터 있었던 것처
럼 너무나 자연스럽게 자리잡고 있다. 알틴아
라샨이다. 산장촌 뒤로 사철 설산인 펠라카봉
이 위풍당당하게 서 있다. 일반 등산객이나 여행객들은 대개 이곳이
트레킹의 종착지가 되지만 전문 트레커들은 여기가 아라콜호수를 향
해 본격적인 산행을 시작하는 출발지이다.

알틴아라샨 온천

아라콜호수는 해발 3,532m, 동서로 2,800m, 남북으로 500m나 되는 제법 큰 산정호수이다. 이 호수를 만나 보러 세계 각지에서 수많은 트레커들이 모여든다. 키르기스스탄에 오는 여행자 중 카라콜에 오는 트레커는 대부분 이 코스를 찾을 만큼 세계적으로도 소문난 경로이다. 고산병에 시달리며 그늘 한 점 없는 바위산을 오르며 2박 3일 동안 40km가 넘는 산길을 걸어야 한다.

산정에서 약 10km, 6시간 정도를 더 올라가야 베이스캠프인 캘디케 캠핑장이 있다. 해발 3,600m로 고산병을 각오해야 하는 지점이다.

이 캠프에서 그 유명한 아라콜호수 전망대까지는 난이도 A급의 힘든 코스이다. 해발 3,900m 아라콜패스 정상부에 마련된 전망대에서 색의 만찬장으로 불리는 아라콜호수의 빼어난 절경을 보면서 감동받기 위해서는 이틀치 식량과 식수, 관련 장비를 챙기는 등 꽤 치밀한 준비를 해야 한다. 고산병도 각오하고 엄청난 체력 소모를 예상해서 도전해야 한다.

알틴아라샨 산장에는 천연 온천이 몇 군데 있다. 아라콜패스나 아라콜호수는 안 올라가더라도 이 산장까지 온 것도 대단한 여정이다. 색다른 온천욕을 즐기자. 바위를 쌓아 만든 담벼락, 덜컹대는 양철문, 따로 샤워 시설도, 수도 꼭지도 하나 없어 불편할 수도 있지만 이런 낙후된 시설도 즐기면 오히려 더 재미있다. 시설은 열악하지만 보일러를 가동해서 물을 데운 인공 온천이 아니라 천연의 자연 온천이다. 이래서 알틴아라샨이란 이름이 붙었다. 알틴아라샨은 '황금 온천수'라는 뜻이라고 한다. '치유의 황금열쇠'라는 의미도 있다. 한밤중에 이 온천에 몸을 담그고 하늘을 올려다보자. 벌거벗고서 알틴아라샨의 은하수를 만나보자.

알라아르차 국립공원 Ala-Archa

서울은 북한산,
비슈케크는 알라아르차

··

서울에 북한산 국립공원이 있듯이 키르기스스탄의 수도 비슈케크
에는 알라아르차 국립공원이 있다. 수도에 인접한 국립공원이라는
점에서는 서로 비슷하지만 규모나 면적이나 위용 면에서는 비교를 불
허한다.

북한산 국립공원은 1983년에 국립공원으로 지정되었다. 하지만 '밝
고 다양한 향나무'라는 의미를 가지고 있는 이름의 알라아르차 Ala-
Archa 국립공원은 이미 1976년 구소련 시절에 키르기스스탄 지역에서
는 첫 번째로 국립공원으로 지정되었을 만큼 대단한 곳이다.

약 165평방 킬로미터에 달하는 면적의 이 공원 구역 안에는 세메
노프텐산스기봉 Semunov-Tian-Shansky Peak 4,985m을 비롯한 50개의 산봉우
리와 20개의 빙하, 그리고 그 빙하와 만년설이 녹으면서 만들어낸 물

이 아디겐Adygene강과 악사이Ak-Sai강이 되어 키르기스스탄의 젖줄로 흐르고 있다.

또 알라아르차는 키르기스어로 '다양한 향나무'라는 의미를 담고 있으며 아랍어로는 '신의 산'이라는 뜻이다. 악사이의 악Ak은 키르기스어로 '흰 눈', 사이Sai는 '골짜기'를 의미한다. 이 국립공원 주변의 산 이름이나 지명도 '악수'나 '악토'로 불리는 곳이 많은데 이는 '눈 덮인 흰 산'을 의미한다. 히말라야의 '히말'도 흰 산이라는 의미이고, 우리 백두산의 '백두'도 의미가 유사하다는 점을 떠올려보면 절로 고개가 끄덕여진다.

수도 비슈케크Bishkek 시내를 찍은 사진들은 대부분 이곳 알라아르차의 눈 덮인 산들을 배경으로 하고 있다. 시내 어디서라도 이 국립공원이 보이지만 입구 매표소까지는 시내에서 약 40km 정도 떨어져

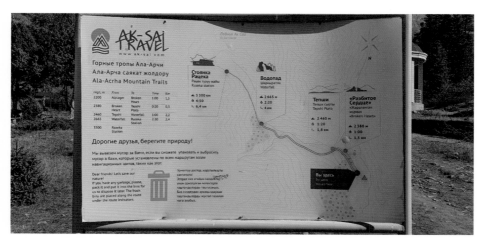

알라아르차 국립공원 입구의 트레킹 코스 안내판

있다. 자동차로 한 시간가량 소요된다. 길은 처음부터 끝까지 아주 완만한 오르막길이다. 도시 주변은 신흥 고급 아파트 단지를 조성하고 있는 곳이 많지만, 시내를 벗어나 공원에 다가갈수록 비슷한 크기와 같은 색상의 오래된 가옥들이 고만고만한 모양새로 자리잡고 있어 과거 이곳이 사회주의 공화국이었다는 사실을 쉽게 깨달을 수 있다.

급류가 흐르는 계곡과 어깨를 나란히 하며 이어지던 길이 산 속으로 들어가는가 싶더니 국립공원 입구의 매표소에 이르렀다. 키르기스탄에도 이런 수준의 훌륭한 시설이 있나 깜짝 놀랄 정도로 초현대식 입구였다. 빼어난 풍광 덕분에 예전부터 대통령 별장이 있는 곳이고, 수도에 인접하여 외국의 귀빈들이 이 나라에 오면 꼭 안내하는 코스라는 설명을 듣고 나니 이해가 되었다. 우리나라처럼 한 사람 한 사람 입장료를 지불하는 시스템이 아니었다. 차단봉이 올라가고 버스는 공원으로 들어섰다. 1인당 60솜우리돈 900원 정도의 부담스럽지 않는 입장료를 지불하고 공원 안으로 들어서니 의외로 도로는 매끈하게 잘 포장되어 있고 차창 밖 양쪽의 풍경은 그야말로 절경이다. 날카로운 돌무더기 급경사로 이루어진 아찔한 산이 있어 무너지면 어쩌나 겁내는 것도 잠시 커브를 돌자 금세 우거진 삼나무 숲이 등장하기도 하고, 겨울에 눈 덮이면 얼마나 아름다울까 싶은 구상나무 군락들이 그림엽서를 보는 듯 멋지게 펼쳐지기도 했다. 숲 너머로 시선을 올리면 멀리 설산 능선이 만들어내는 스카이라인이 저절로 감탄을 쏟아내게 만든다. 그 빼어난 산세 너머로 한국의 가을 하늘 같은, 손 담그면 물들 것 같은 파란 하늘과 구름이 일행들의 탄성을 자아낸다.

한참을 더 들어가 주차장에서 차가 멈춘다. 드디어 트레킹이 시작되는 곳이다. 대부분의 관광객들은 아스콘으로 포장된 약 1.5km 정도의 산책로를 산보하듯 걸어 들어가 비포장이 시작되는 지점까지 올라간다. 두 계곡이 합류하는 지점에 설치된 대형 액자 프레임에서 앞다투어 기념 사진을 찍고는 발길을 돌린다. 아름다운 풍경에 감탄하며 멋진 사진들을 많이 찍었기에 모두들 만족한 미소를 머금으며 주

알라아르차 국립공원

차장으로 되돌아 나온다. 하지만 알라아르차 국립공원의 진정한 모습은 그곳 뷰 포인트에서 시작한다. 가장 일반적인 코스는 라첵Razeka 산장까지 약 6km의 트레킹 코스이다. 사진 안내판을 자세히 보면 알 수 있듯 전체적으로 비교적 완만하고 쉬운 코스라 초보자나 노약자들도 당일 코스로 등반이 가능하다. 하지만 폭포를 지나서 라제카 산장으로 가는 구간에서는 제법 가파른 너덜 지대가 등장하고, 계곡을 지나온 바람을 막아줄 나무도 풀도 없으니 바람이 사납게 다가오는 짧은 구간이 있다. 마지막 약 300m 거리의 급경사 구간이 가장 어려운 코스이다. 이마에 흐르는 땀을 훔치며 능선을 오르는 순간 알라아르차의 진정한 장관을 맛볼 수 있다.

대부분의 키르기스스탄의 절경들은 산정에 숨어 있다. 국토의 90% 이상이 고산지대인 산악 국가이니 당연한 현상이다. 모든 명승지들이 올라가는 길이 험난한 대신 빼어난 절경이 육신의 피로를 보상해 준다.

라첵 산장이라 적힌 나무 팻말 너머로 거대한 악사이 빙하와 알라아르차 국립공원 지역의 최고봉인 코로나봉4,860m과 프리 코리아봉4,740m이 햇볕을 받아 하얗게 빛나는 만년설을 이고서 그 위용을 드러내고 있다. 태초의 세상은 아마도 이처럼 순수하지 않았을까 싶을 만큼 깨끗한 대자연, 깊은 협곡과 만년설을 이고 있는 산, 가까이 보이는 빙하 등 한국의 산하에서는 보기 드문 벅찬 대자연을 만난 감동을 이곳에 오르면 충분히 맛볼 수 있다. 이곳까지 왔다는 보람과 기쁨에 충만한 가슴에 아쉬움을 담고서 출발지로 내려오는 길은 다리는 휘청거리고 떨리지만 오를 때와는 달리 4시간 정도면 넉넉하다.

　지구상 모든 대자연이 그러하듯 태초부터 사람이 주인이 아니다. 태초부터 지구별은 모든 생물이 주인이다. 숲이 우거진 알라아르차에도 붉은 다람쥐와 동박새를 닮은 작은 새들이 이곳의 터줏대감이다. 주인답게 반갑게 손님으로 찾아온 인간 주변을 맴돈다. 사람을 피하려는 기색이 별로 없다. 가지고 있던 간식류를 손끝에 두면 정말로 온다. 머뭇거리는 기색도 잠시 금세 다람쥐는 기어서 올라오고 새들은 날아서 손등 위로 올라온다. 내가 자연 속에 동화된 느낌이다. 이런 것들이 감동이다. 언제 이런 경험을 하겠는가. 알라아르차에 갈 때는 땅콩이나 과자 등 간식류를 꼭 챙겨 가기를 권한다.

♣ Mt. Free Korea

틀림없는 자유 한국봉이라는 이름이다. 어떤 연유로 알라아르차 국립공원에 이런 이름이 있을까 궁금했다. 러시아어로 "스보보드나야 까레야"이다. 영어로 번역하면 'Free Korea'이다. 공식 기록으로는 1952년 9월 러시아 전문 산악인이 최초로 등정했다. 화가이자 시인인 아파나시 슈번은 이 암벽산을 초등한 뒤 당시의 시대상황에 걸맞게 염원을 담아 지었다. 한국전쟁 시기였다. 북조선이 자본주의 세력으로부터 승리하기를 기원하며 지었다. 세월이 흐르면서 자연스럽게 우리 것이 되었다. 어떤 연유에서 지어진 이름이든 상관없이 알라아르차에서 만나는 코리아봉은 친근하고 반갑다.

쿰토르 금광 Kumtor Gold mine

하루에
금 한 양동이씩

키르기스스탄은 중앙아시아에서 금을 가장 많이 생산하는 나라이다. 키르기스스탄에서 가장 크고 금 매장량도 가장 많은 금광이 바로 바르스콘 계곡의 쿰토르 금광이다. 그냥 금광이라고 해도 귀가 솔깃해지면서 관심이 가는데 우리나라와 관련된 재미있는 일화가 많다.

이 금광은 은마아파트 건설과 IMF 외환위기를 초래한 한보사태로 유명한 한보그룹의 정태수 씨와 관련이 깊다. 그는 1997년 15년형을 선고받고 복역 중 특별사면으로 풀려났고, 다른 사건으로 재판을 받던 중 일본으로 암 치료를 받으러 간다고 하고선 잠적했다. 몇 년 후 말레이시아와 카자흐스탄을 거쳐 이 나라로 밀입국해서 금광과 관련된 법인을 설립하여 사업을 전개한 사실이 드러났다그 후 키르기스스탄 국적의 위조여권으로 에콰도르에 가서 현지에서 사망한 것으로 검찰 수사 결론을 내렸다.

10년 전쯤에는 키르기스스탄 대통령의 아들이 소유하고 있던 금광 탐사권을 사들였다면서 이 금광에 투자하면 개발 이익과 지분을 주겠다고 투자자들을 모집하여 투자금을 챙긴 사람이 재판에 회부된 적이 있다. 이 재판은 최근까지도 진행되고 있었는데, 그가 대통령 아들의 금광 탐사권을 사들인 것은 사실이지만 2010년 혁명으로 기존 정권이 축출되었고, 새 정부는 전 정권의 금광 개발권과 탐사권 허가를 말소했다고 재판에서 논쟁 중이라는 뉴스를 본 기억이 있다.

또 언젠가는 국내의 모 관리공단이 주체가 되어 키르기스스탄의 금광이 기술적 한계에 부딪혀 그대로 방치해둔 광물 찌꺼기에서 물리적 화학적 처리 과정을 거쳐 추가로 금을 추출 회수하는 사업을 전개한다는 소식을 접한 적도 있다. 이 공단이 투자비 100억 원의 20배가 넘는 개발 이익이 예상된다고 발표한 걸 실제 뉴스를 통해 읽으며 도깨비 방망이 같다는 생각을 한 적이 있었다.

바르스콘 카라세이 패스

　　페루의 야나코차 금광에 이어 세계에서 두 번째로 고도가 높은
곳에 위치한 이 쿰토르 금광은 키르기스스탄 최대의 복마전으로, 정
치적으로도 숱한 사연이 얽혀 있다. 키르기스스탄의 금광임에도 독
립 이듬해인 1992년 캐나다의 금광 회사가 그 금광의 소유권을 가져
갔다. 당연히 당시 초대 민선 대통령이었던 아카예프도 이 금광에 깊
숙이 관계되어 있었고 훗날 비리와 부패 혐의 등으로 조사받게 된다.
1991년부터 2005년까지 15년간 장기 집권한 아카예프는 부정 축재와
부정 선거 의혹 등으로 축출당해 러시아로 망명했고, 궐석 재판에서
사형-종신형을 선고받았지만 현재 벨라루스에 거주하고 있다.

키르기스스탄의 금 생산에 대한 이익 분배도 늘 마찰을 빚어왔다. 총리가 지분 배분의 협상 문제로 인한 책임을 지고 사임한 경우도 있고, 이 협상 과정은 늘 특혜 제공 등 비리 의혹이 끊임없이 불거졌으며, 시간이 지나고 나면 당시의 관계자들이 문책을 당하는 등 논란도 잡음도 최근까지 이어져 왔다. 2009년에는 당시 정권이 이 금광의 운영 협정을 개정하여 계약 체결하면서 캐나다의 센테라사社로부터 일부 지분을 받는 대신 세율을 인하해 준 적이 있다. 이때 의회는 낮은 세율로 인해 정부 재정에 막대한 손해를 끼치게 되었음을 입증하고 재협상할 것을 의결하고, 담당 고위 인사들의 부정 거래와 뒷거래 의혹을 밝혀내 국민들의 지지를 받은 적도 있다.

2022년 4월 키르기스스탄 정부는 쿰토르 광산의 소유권과 관리권을 공식적으로 돌려받았다고 발표했다. 이 자리에서 사디르 자파로프 Sadyr Japarov 대통령은 향후 10년 동안 160~200톤의 금이 채굴될 것으로 전망한다면서 약 50억 달러의 수익이 발생하여 국가 재정에 크게 도움이 될 것이라고 말했다. 쿰토르 광산 광부들이 파업을 하면 그해 키르기스스탄 국민총생산GDP 성장율이 떨어진다고 하니 쿰토르 광산이 이 나라 국가 경제에 끼치는 영향이 막중하다.

50억 달러면 지금 우리 돈으로 7조나 되는 큰 돈이다. 부럽다. 우리는 왜 이런 금광이 없을까? 유전도 하나 없고….

바르스콘 계곡 Barskoon

우연이 아니라
필연

··

우연, "아무런 인과 관계가 없이 뜻하지 아니하게 일어난 일"이라고 국어사전에 나와있다.

내가 처음 바르스콘 계곡을 찾은 것은 우연이었다. 키르기스스탄을 처음 방문한 2015년 6월의 어느 날이었다. 이식쿨호수를 한 바퀴 돌다가 멀리 보이는 눈 덮인 텐산산맥의 매혹적인 풍경에 넋을 잃고 빠져버렸다. 지도를 살펴보니 길이 있었다. 확대해 보니 꽤나 깊이 들어갈 수 있었고 마을도 있었다. 예정에 없는 행로였지만 '서고 싶은 곳에 멈추고, 가고 싶은 곳으로 가는' 내 차로 다니는 여행이니 일단 가 보자고 했다.

폭포가 있었다. 그게 바르스콘 삼폐인 폭포인 줄 그때는 몰랐다. 계곡에 집채만 한 바위에 붉은 색이 칠해진 두상이 있었고 흉상도 있었다. 그게 인류 최초의 우주인인 '유리 가가린'이라는 것도 그때는 몰

랐다. 우연히 찾아 들어간 그곳이 바르스콘 계곡인지조차도 그때는
몰랐다.

비포장도로였지만 도로 폭은 넓었고 이식쿨호수 주변의 순환도로
보다 노면 상태도 훨씬 양호해서 조금 의아했지만 급류가 흐르는 계
곡 양쪽으로 가문비 숲이 우거진 환상적인 풍경을 즐기느라 그런 건
금세 잊어버렸다. 연신 감탄을 이어가며 20km쯤 들어가 급경사 오르
막길이 시작될 무렵 갑자기 먹구름이 몰려오더니 눈보라가 휘몰아치
기 시작했다. 순식간에 주변 세상이 하얗게 변하자 겁에 질린 아내가
돌아가자고 했다. 사실은 나도 내심 두려움이 밀려와 무서웠지만 먼
저 말을 꺼내지 못하고 있었기에 얼른 차를 돌려 내려왔다.

거짓말처럼 또 우연이 일어났다. 2022년 9월 유라시아 자동차 평
화원정대를 이끌고 키르기스스탄을 방문했을 때 현지 사업가인 조정

2015년 6월

원 씨가 우리 일행들에게 숙식을 제공하는 호의를 베풀었다. 그가 내 차에 타고 안내하는데 왠지 길이 낯이 익었다. 바로 그 길이었다! 그가 운영하는 글램핑장은 유리 가가린 동상 바로 옆에 있었다. 이 머나먼 키르기스스탄의 외진 골짜기 안의 똑같은 장소를 7년 만에 내 차를 타고서 2번씩이나 오게 된 이 우연에 나는 전율했다. 우연이 아니고 필연이라는 생각이 들었다. 여장을 풀지도 않고 곧장 예전에 못 올라간 그 길로 향했다. 여전히 비포장이었지만 도로 상태도 여전히 양호했다. 급경사 급커브길이 이어졌지만 산중으로 올라갈수록 눈앞

2022년 9월

에 펼쳐지는 풍경은 경이롭기만 했다. 지도를 확대해 보니 조금 더 가면 해발 4천m 베델패스를 지나게 되고 중국의 신장 위구르 북쪽과 연결된 국경 지대가 등장한다고 되어 있었다. 3,819m 표지판 앞에서 차를 멈추었다. 키르기스스탄에는 전혀 어울리지 않는 초대형 고급 트럭들이 줄지어 서 있었다. 그제사 나는 이토록 깊고 높은 산중까지 도로가 양호하게 다듬어져 있는 이유를 깨달았다. 그곳엔 금광이 있었다. 키르기스스탄에서 제일 큰 금광, 곧 중앙아시아에서 제일 큰 금광이 그곳에 있었다.

키르기스스탄도 총인구보다 가축의 수가 몇 십 배, 몇 백 배 더 많은 나라이다.

유리 가가린 Yurii Gagarin

러시아 역사상 가장 뛰어난
인물

....

"지구는 푸른 빛이다."

인류 최초로 우주를 비행한 유리 가가린1934-1968이 우주에서 지구를 바라보며 말한 첫 소감이다.

"멀리서 지구를 바라보니 우리가 서로 다투기에는 너무 작은 별이라는 것을 깨달았다."

그가 지구 귀환 후 인터뷰에서 한 말이다.

불과 108분 동안의 짧은 우주여행이었지만 그 여행은 은하계에 지구가 생긴 이래 아무도 해보지 못한 위대한 여행이었다. 인류 최초로 대기권 밖에서 지구를 바라보는 위대한 업적을 이룬 후 이곳 이식쿨 호수로 와서 우주여행에서 손상된 신체를 회복했다.

그는 목수의 아들로 태어났다. 러시아 남부 볼가강 유역에 있는 사라도프의 대학에서 공부할 때, 항공 클럽에서 비행술을 배웠고 오렌

부르크 공군사관학교를 졸업 후 공군에 입대해 전투기 조종사가 되었다. 1959년 소련 당국의 우주 비행사 모집에서 선발되었고 2년 동안 목숨을 건 혹독하고 엄격한 강도 높은 훈련을 거쳐 1961년 4월 12일 세계 최초의 유인우주선 보스토크러시아어로 동방이라는 뜻 1호를 타고 지구 상공 301km에서 108분간 지구 궤도를 도는 데 성공하여 인류 역사상 처음으로 우주인이 되었다.

유리 가가린은 공군사관학교에서 조종술을 배울 때 훈련기 착륙 과정에서 실수가 잦아 성적 불량으로 퇴교 위기에 처했다고 한다. 최종 비행시험에서 교관이 조종석에 두터운 방석을 깔아주어 시야를 확보하고서야 겨우 시험을 통과하고 졸업하게 되었다. 그의 체구는 유난히 작았다. 157cm의 작은 키에 체중은 57kg에 불과했다. 하지만

그는 이런 작은 체구 덕분에 우주비행사가 될 수 있었다. 비좁은 우주선의 캡슐에 들어갈 비행사의 신체조건이 체중 72kg 미만, 신장은 170cm 이하로 제한되었기에 유리 가가린은 그 조건에 문제없이 우주인 신체검사를 통과했다. 작은 키 때문에 전투기 조종사도 되지 못할 뻔했는데 훗날 작은 신체 덕분에 우주비행사가 되었으니 인생은 아이러니하다.

그 후에도 6번의 우주비행을 마친 유리 가가린은 진급을 거듭하여 대령으로 승진했지만 1968년 비행 도중 모스크바 인근 마을에 추락하여 인생을 마감했다. 우주선을 타고 드넓은 우주를 비행한 사람이 작은 전투기를 타다가 지상에 추락하여 사망했으니 세상 참 모를 일이다.

러시아에서는 해마다 '러시아 역사상 가장 뛰어난 인물'을 여론조사를 통해 선발한다. 유리 가가린은 매년 상위 10위권 안에 이름을 올린다고 한다. 러시아 정부는 그가 우주비행에 성공한 4월 12일을 기념일로 지정해, 해마다 성대하게 기념행사를 개최하고 있다. 2011년 UN 총회에서는 이 날을 세계 우주비행의 날로 선포했다.

부라나탑 Burana Tower

종교 건물? 천문대? 망루? ...
초원의 등대!

....

비슈케크 시내를 벗어나 이식쿨호수가 있는 A365번 도로를 따라 동쪽으로 달리면 우리나라에서는 절대 볼 수 없는 재미있는 풍경이 시작된다. 국경선을 따라 나란히 달리는 도로이다. 삼면이 바다로 둘러쌓여 있고, 북쪽으로는 국경선 아닌 국경선, 휴전선이 있지만 이마저도 비무장지대 한가운데 위치하고 있어 일반인은 절대 출입할 수도, 볼 수도 없는 삼엄한 땅에 사는 우리는 이 낯선 국경의 풍경이 흥미롭기만 하다.

차창 왼쪽으로 전개되는 풍경을 살펴보면 바로 눈앞은 키르기스스탄 땅이지만 나란히 이어지는 추강Chu River을 경계로 하여 그 강 건너편은 카자흐스탄이다. 국가의 부와 인프라가 어느 정도 되는지는 국경선만 자세히 살펴봐도 알 수 있다. 키르기스스탄 쪽의 국경선은 허술하기 짝이 없다. 쇠파이프나 나무 막대를 기둥 삼아 녹슨 철조망을 몇 가닥 얼기설기 감아둔 게 전부다. 하지만 그 너머 카자흐스탄의 국경선은 이중 삼중으로 겹겹이 철망이 이어져 있고 중간중간 감시 카메라도 보인다. 일정 간격마다 망루도 있고 그 안에 국경 경비원이 지키고 있는 모습도 쉽게 볼 수 있다. 카자흐스탄에서는 키르기스스탄에서 넘어오는 걸 결코 용납할 수 없다는 엄중한 자세를 취하는 듯하고, 키르기스스탄 쪽에서는 넘어오든가 말든가 상관 안 한다는 식으로 방관하는 듯한 느낌을 받았다면 경솔한 표현일까?

하나의 땅에 살면서, 절대자도 아닌 사람이 자기들 필요에 의해 선을 긋고 그걸 국경이라 이름 짓고 단속하여 통제하고 있는 현실이 우습다. 시간도 바람도, 심지어 새들도 곤충들도 무단히 드나드는데….

국경이 갖는 의미를 생각하니 국경선에서 시선을 뗄 수가 없다. 굽

이굽이 흐르는 추강을 따라 이어진 국경선을 나란히 하며 80km 거리를 1시간 반 정도 달리면 '토크목'이라는 낯선 지명의 마을에 닿는다.

이 마을에 세계문화유산으로 지정된 부라나탑이 있다. 10세기에 세워졌는데 이슬람 종교 건물이라고 설명한 자료가 있는가 하면 어떤 자료에서는 카라한조에 의해 세워진 고대도시 발라사군의 유적이라고 친절히 설명하고 있고, 또 다른 자료는 12~13세기의 키르기스스탄 소그드인이 지은 건물로 천문대 및 전망대의 역할을 하고 있는 곳이라고 설명한다. 어떤 자료든 중앙아시아에서 가장 오래된 건축물이라는 점은 공통적으로 기술하고 있다. 원래 탑의 높이는 45m로 추정되지만 15세기 큰 지진으로 인해 아랫 기단 부분 25m 정도만 남아 있다고 하는 자료도 검색되고, 13세기 칭기즈칸에 의해 파손되었다는 자료도 있다. 제대로 기록된 문헌도 없고 구술로 이어져온 자료들을 민속학자들이 제각각 주장한 듯해 신빙성이 없으니 느낌도 반감된다. 하지만 드넓은 밀밭을 앞 배경으로, 눈 쌓인 텐산산맥의 준봉들을 먼 배경으로 하여 눈앞에 우뚝 버티고 서 있는 부라나탑의 위용은 결코 허술하지 않았다.

  이탈리아의 '피사의 사탑'만큼은 아니지만 조금 기울어 있다. 꼭대기 전망대까지 올라갈 수 있다. 무척 좁고 경사가 급한 계단을 더듬더듬 조심스럽게 올라가야 한다. 조명이 없어 어둡기까지 해서 불안감이 들지만 다행히 길지는 않다. 계단을 올라가면 깔끔히 정리된 옥탑의 조망대에 설 수 있다. 남쪽으로 펼쳐진 텐산산맥이 파노라마로 시야에 가득 들어오는 순간 저절로 가슴이 쫘악 퍼지면서 탄성을 지르게 된다. 지상과 불과 25m 차이가 날 뿐인데 이토록 전망이 달라질 수 있음에 또 놀란다. 키르기스스탄의 단조로운 평원에서 보는 텐

하지드 유수프 발라사군

산산맥의 장엄한 경치를 전혀 다른 각도에서 조망하면서 받는 감동
은 어두운 계단을 올라갈 때의 두려움이나 불안함을 까맣게 잊게 만
든다. 계단을 오를 때 힘들었던 경험에 비하면 내려가는 발걸음은 가
볍기만 하다.

탑에서 내려오면 또 다른 볼거리가 여행자를 기다리고 있다. 박물
관이라고 말하기 쑥스러울 정도로 자그마한 한 칸짜리 전시실이지만
내부 관람을 빠뜨리면 안 된다. 아담하다는 생각이 들 만큼 좁은 실
내 공간 한가운데에 어떤 인물의 반신상이 배치되어 있다.

11세기 이 지역 출신의 시인이자 사상가이며, 이 나라 사람들의 영
원한 고전인 『행복을 가져다주는 지혜쿠타드구 빌리그, Kutadgu Biligs』를 지은
하지드 유수프 발라사군Hajid Jusup Balasagyn이다. 키르기스스탄 고액권

인 1,000솜짜리 지폐에 이 사람의 얼굴이 실려 있다고 하면 키르기스스탄에서 위상이 어느 정도인지 쉽게 짐작이 간다. 이 흉상을 중심으로 인근 유적지에서 출토된 항아리를 비롯한 암각화 몇 점과 청동 거울이나 장신구 등이 진열되어 있으니 이를 둘러보면서 세월의 흔적을 살펴보는 재미도 꽤나 쏠쏠하다. 또 이런 유물을 통해 고대인들의 생각과 삶을 조금이나마 들여다볼 수 있다. 이역만리 먼 나라의 유물이지만 자세히 들여다보면 그 속에 우리 조상들과 연결된 고리도 느낄 수 있다. 이런 사실을 깨닫게 되니 키르기스스탄은 더욱 친밀하게 우리 곁으로 다가온다.

박물관 밖으로 나오니, 거대한 흙탑 하나와 흩어져 널브러져 있는 암각화 새겨진 돌조각 몇 개를 제외하면 아무 것도 없고 바람만 드센 이 들판이 카라한조의 수도였다는 사실이 믿어지지 않는다. 인간 세상 참 허망하다는 생각이 불쑥 든다.

스카즈카 협곡 Skazka Canyon

마법이
펼쳐지는 곳

···

　호숫가 큰길에서 스카즈카 협곡 입구까지 자동차로 10분도 채 걸리지 않는다. 1.5km 정도 거리지만 그늘이라고는 전혀 없는 땡볕 아래 모래길이라 걷기에는 조금 무리다. 그렇지만 천천히 걸어서 간다면 좁은 길 양쪽으로 사람 키를 훌쩍 넘는 높이의 퇴적층은 자세히 볼 수 있다. 자동차나 사람이 다니는 길이지만 비가 많이 쏟아지면 물이 다니는 물길임이 분명하다. 지질학에는 문외한이지만 큰 물이 흐르며 만들어낸 흔적이라는 걸 한눈에 알 수 있었다.

　협곡 입구에 초라한, 가게라고 할 것도 없는 기념품 가게가 하나 있다. 그 옆에 나무로 얼기설기 엉성하지만 제법 그럴듯하게 엮어둔 족장의 의자가 협곡을 배경으로 떡하니 놓여 있다. 우스꽝스러운 의자 하나가 몇 년째 그 자리를 지키면서 협곡을 상징하는 역할을 하고 있는 것도 재미있고, 몇 년 전에는 없었던 화장실수세식을 기대하지 말자이 설치된 것도 재미있다.

수천 수만 년 오랜 세월 동안 얼음과 물, 태양과 바람의 공동 작업으로 만들어졌음이 분명한, 황금색 언덕과 붉은 능선들이 절묘하게 어우러진 침식된 지형은 지구별의 모습이 아니다. 칼로 잘라낸 듯 기이하게 깎인 절벽들과 땅에서 하늘로 솟아오르듯 세워진 수많은 바위 첨탑들이 대자연의 위용을 아낌없이 발휘하고 있다. 게다가 같은 능선이라도 보는 위치에 따라 모양이 다르게 보인다. 보는 시간에 따라 능선의 색깔도 다르게 보인다.

어떤 것은 만리장성처럼 성벽을 이루고 있고 또 어떤 것은 뱀이나 용의 모습을 하고 있는 등, 제 각각의 모양을 뽐내고 있다. 형상들도 다채롭지만 색상도 신기할 만큼 다양하다. 어쩌면 그림동화책에서나

스카즈카 협곡 (Skazka Canyon)

스카즈카

등장할 법한 이런 모습들 때문에 '스카즈카'라는 이름을 얻은 게 아닐까? 스카즈카는 러시아어로 '동화'를 뜻한다. 아마도 동화책에 나오는 풍경처럼 현실성이 부족하고 낯설다는 의미를 갖고 지어진 이름일까, 아니면 동화처럼 마법이 펼쳐지는 장소 같다는 의미에서 만들어진 이름일까.

연신 감탄사를 내뱉으며 먼저 다녀간 이들이 남긴 발자국을 따라 조심스레 오르면 금세 이식쿨호수를 발 아래에 두고 사진을 찍을 수 있는 위치에 오른다. 딱히 전망대가 있어 그곳에서만 사진을 찍을 수 있는 건 아니고 잰 걸음으로 10분만 오르면 어느 능선에서라도 이식쿨호수를 사진에 담을 수 있다. 이식쿨호수의 수평선을 담을 수 있다. 운이 좋으면 호수 건너 톈산산맥도 담을 수 있고, 더 운이 좋다면 눈 쌓인 톈산산맥까지도 담을 수 있다. 좋은 사진은 인터넷을 검색하면 얼마든지 나오니 멋진 사진을 찍으려 시간을 소비하지 말고 눈에, 가슴에 키르기스스탄의 아름다운 풍경을 듬뿍 담아보자.

생각보다 훨씬 수월한 트레킹 코스이다. 난이도를 따지자면 C급 정도의 수준이지만, 바닥이 건조하고 모래알이 날리는 사암이기 때문에 미끄러져 넘어질 수 있으니 각별히 주의를 기울여야 한다. 안내판도 없고 안전줄도 없다. 인위적인 것은 입구의 간이 매표소와 천막 매점과 엉성한 화장실 하나뿐, 스카즈카에는 아무 것도 없다. 그렇지만 스카즈카에는 자연이 태고적 모습으로 그대로 보존되어 있다.

　어떤 이는 미국의 브라이어스 캐니언이나 그랜드 캐니언에 필적한다
고 하지만 나는 그 말에는 동의하지 않는다. 너무 심한 과장이다. 그렇
지만 키르기스스탄에 와서, 이식쿨호수에 와서 스카즈카 협곡을 안 보
고 그냥 간다는 건 그야말로 바보짓이다. 키르기스스탄 여행에서 절대
놓치면 안 되는 명소로 꼭 봐야 할 멋진 장소라는 사실은 아무도 부인
할 수 없다. 스케일이 미국의 그것들에 견주어도 규모만 작을 뿐 충분
히 아름답다. 세상에 오직 이곳에만 있는 볼거리임에는 틀림이 없다.

제티오구스 Jety-Oguz

일곱 마리인가
여덟 마리인가

제티오구스 Jety-Oguz 는 '일곱 마리의 황소'라는 뜻이다. 제티가 '일곱'
이고 오구스는 '황소'라는 의미이다. 이름만 들어도 일곱 마리 황소를
닮은 산이 있겠구나 하고 짐작할 수 있다.

키르기스스탄에서 네 번째로 큰 도시 카라콜에서 약 25km 정도
떨어져 있다. 키르기스스탄에서는 보기 드물게 카라콜 도심에서 이
곳까지의 도로는 포장이 잘 되어 있다. 도로 오른쪽으로 높이 50m
가 훌쩍 넘는 큰 바위산이 보인다. 하트 모양을 하고 있는데 한가운
데가 갈라져 기묘하게 두 조각으로 나뉘어 있다. 이 역시 모양새만
보고도 이 바위산 이름이 브로큰 하트 Broken heart 겠구나 하고 쉽게 짐
작할 수 있다. 한 여인을 두고 두 남자가 서로 차지하겠다고 결투를
하게 되고, 처절한 결투 끝에 둘 다 죽어버리고…. 이 소식을 들은 여
자도 심장이 부서져 죽어버리자 그 자리에서 돌이 되었다는 키르기

스스탄식 전설 따라 삼천리는 오래전부터 이 지역 가이드들의 단골 레퍼토리이다.

　연이어 기묘한 바위산이 모습을 드러낸다. 마치 일곱 마리의 근육질 황소가 무리지어 서 있는 모양새를 한 붉은색 바위산이 마을을 보호하듯 둘러싸고 있다. 제티오구스는 아래에서 올려다보는 것보다 맞은편 언덕에 올라가서 내려다보는 게 훨씬 장관이고 실감이 난다. 사암으로 이루어져 풀 한 포기, 나무 한 그루 없는 붉은색 바위산을, 그 돌산 아래의 마을 한가운데로 제법 큰 하천이 흐르는 모습을 내려다보는데 이상하리만큼 무척 평온하고 안정적이다. 이유는 초록이다. 숲이다. 마을 주변에는 크리스마스 시즌에 어울리는 가문비나무가 많다. 비슈케크에서 이식쿨을 거쳐 이곳까지 황량한 벌판 지대를 지나오면서 나무다운 나무, 숲다운 숲을 보기 어려웠는데 이곳에는 침

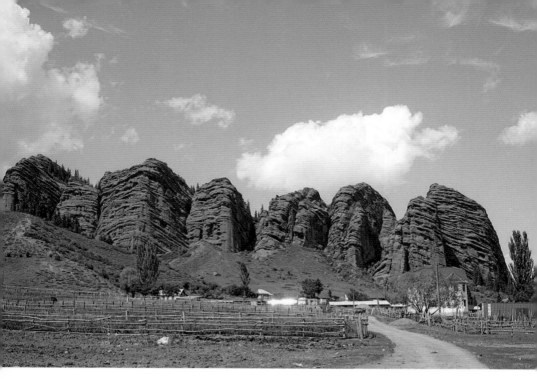

제티오구스

엽수들이 많다. 초록이 주는 안정감이다.

편안한 마음으로 봉우리를 세어 본다. 셀 때마다 다르다. 8마리인 것 같기도 하고 9마리인 것 같기도 하다. 하기야 몇 마리인지 무슨 상관일까. 오묘하다. 서귀포 해안이나 한탄강 주상절리 길과는 달리 시루떡을 비스듬하게 기울여서 세워 둔 것 같은 형상이다.

제티오구스를 맞은편 언덕에서 보는 모습도 대단하지만, 그 언덕을 올라가면 평원이 등장하고 또 다른 장관이 펼쳐진다. 키르기스스탄 대부분 지역은 사진을 찍으면 그림엽서가 되는 절경이지만 이곳도 빠뜨릴 수 없는 명소이다. 멀리 보이는 폴리안카야Polyankaya산을 배경으로 인생샷을 남겨 두기를 권한다.

보통 제티오구스 구경은 이 언덕에 올라가는 걸로 끝내는데 마을을 지나 안쪽으로 4km쯤 더 들어가는 걸 추천한다. 사철 수량이 풍부한 계곡물과 나란히 이어지는 비포장도로가 끝나는 그곳에 '콕자익 계곡'이 있다. 인류 최초로 우주를 비행하고 돌아온 유리 가가린이 이곳 휴양소에 머무르며 우주여행의 후유증을 치료했기에 가가린 계곡이라고도 불린다. 드넓은 초원, 우거진 가문비나무 숲, 저 멀리 보이는 설산, 계곡을 흐르는 급류, 양떼와 말떼, 통나무 캠프와 유르트…. 알프스와 견주어 결코 조금도 뒤지지 않는 풍경이다.

나는 알프스는 잘 다듬어진 성형 미인이고 키르기스스탄은 천연의 모태 미인이라고 늘 주장하는 사람이다. 또 나는 키르기스스탄이 아시아의 알프스로 불리는 걸 싫어하는 사람이다. 스위스야말로 유럽의 키르기스스탄이라고 생각하는 사람이다. 제티오구스 인근과 콕자익계곡은 내 얘기가 타당성 있음을 입증해 주는 환상적인 장소이다.

해외여행?
국외여행? 외국여행?

그때 그 시절의
여권이야기

    나는 어릴 때 한반도는 대륙이 시작되는 곳이라는 사실을 배우면서 이런 좋은 위치의 나라에 태어나서 산다는 사실이 고맙고 자랑스러웠다. 중학교에 진학하면서 국사와 세계사를 배우면서, 끊임없이 외세의 침략에 시달리고 열강의 틈바구니에 끼여 시련을 겪었고 나라가 두 동강 난 실체를 배우고 알게 되었다. 그 관련 과정들을 하나씩 알게 되었을 때 받은 충격은 상상 이상이었다. 며칠 동안 밥도 제대로 먹지 못하고 말도 제대로 못하고 앓았을 정도였다.

    지도를 펼쳐놓고 보면 우리나라는 섬이 아닌 섬이다. 오히려 섬보다 더한 섬이었다. 그때부터 나는 꿈을 꾸었다. 비행기나 배로 다른 나라로 나가는 여행이 아닌 기차나 차를 타고서 육지로 다른 나라로 나가는 꿈을. 우스울지 모르지만 내게 통일의 당위성이란 그런 것이었다.

'해외여행 海外旅行'은 살고 있는 나라를 떠나 바다를 건너 해외로 여행을 가는 것을 말한다. '국내여행'의 반대말로 표준국어대사전에서는 '해외여행'과 '외유'가 등록되어 있지만 외유는 잘 쓰이지 않고 '해외여행'만이 널리 쓰인다. '해외 海外'는 바다 바깥이라는 뜻과 함께 다른 나라를 이르는 말이라는 뜻도 있다. 분단 국가인 우리나라의 지리적 특성상 휴전선을 넘어서 북한을 지나가는 육로 여행은 불가능하다. 현실적으로 바다를 건너야만 다른 나라로 갈 수 있는 만큼 '해외여행=국외여행국제여행'이라고 주장할 수 있다. 하지만 엄격히 말하면 '바다'는 국경이 아니다. 그러므로 '국외여행'이라고 말하거나 '외국여행'이라고 말해야 한다고 나는 늘 주장해왔다.

지금은 마음을 먹으면 언제든지 떠날 수 있는 외국여행이지만 일

인천공항을 떠난 비행기가 북경 상공을 스쳐지나 중국 내륙으로 들어서면서 고비사막을 내려다볼 수 있는 것도 큰 즐거움이다. 삭막한 사막풍경이 지겨워질 무렵이면 신장 위구르를 지나면서 톈산산맥이 시작된다. 상공에서 내려다보는 눈 덮힌 대자연의 웅장한 자태를 보는 것도 떠나는 자만이 누릴 수 있는 기쁨의 하나임이 분명하다.

반인들은 아무나 떠날 수 있는 여행이 아닌 시절이 있었다.

외국여행을 가려면 국가에서 지정하는 기관에 가서 필수 교육을 이수해야 하는 나라, 부부는 함께 외국여행을 떠날 수도 없는 이상한 나라, 외국에 나갈 때마다 여권을 새로 발급받아야 하는 나라… 먼 나라 이웃나라의 얘기가 아니었다.

1980년대까지는 외화 유출 방지와 공산권 국가特히 북한와의 접촉을 방지한다는 이유로 출국을 엄격히 제한하던 시절이었다. 일반인들은 유학이나 해외 취업, 출장, 이민을 떠나는 경우가 아니면 여권 발급 자체가 불가능했다. 여권을 발급받았다는 사실 하나만으로도 일종의 특권층처럼 대접받던 시절이었다. 여권 발급을 위해서는 반드시 반공연맹지금의 한국자유총연맹에 가서 반공, 방첩 교육을 받아야 했으며, 일반 직원이 출장 명목으로 외국으로 나갈 경우 대한상공회의소에서 무역영어 자격증까지 취득해야 했다.

자연히 외국여행은 정치인이나 상류사회 초부유층, 정부기관의 고위직, 언론직 등 권력층으로 분류되는 수준 정도가 되어야 갈 수 있는 것이었고, 반정부세력이나 좌파 세력과 털끝만치라도 연관되어 있으면 신원조회를 거쳐 여권발급이 가차없이 거부되는 게 당연했던 시절이었다. 심지어 어렵사리 여권을 발급받아도 대부분은 한 번밖에 사용할 수 없는 단수 여권이었다. 연속적으로 입출국이 가능한 복수 여권의 발급은 정치인들이나 항공기 기장이나 승무원 등의 항공업계

종사자, 출장을 자주 가는 국영기업 고위직 임직원, 시합에 참여하는 국가대표 운동 선수 정도나 되어야 가능했다.

1981년부터 여권법 시행령이 개정되면서 복수 여권 발급이 시작된 데 이어 1983년 처음으로 관광 여권이 발급되었다. 하지만 이것도 50세 이상으로 일정 수준 이상의 재력이 확인된 장·노년층을 대상으로 했기에 일반인들에게는 요원한 일이었다. 1988년에야 서울올림픽과 민주화 과정을 거치면서 40세 이상으로 관광 연령이 확대되었다. 부부동반 여행 제한도 완화되었다. 1989년에는 드디어 여권법 시행령이 개정되어 해외여행 자유화가 전면적으로 이루어졌다. 봇물이 터진 듯 늘어나는 해외여행자를 감당하지 못해 1992년부터는 반공 교육 이수 의무도 폐지되었다. 2006년까지는 24세 이하 병역 의무자가 외국 여행을 떠나기 위해서는 병무청장의 허가를 받아야 했고 귀국 후 30일 이내에 귀국 신고를 해야 하는 불편한 제도도 폐지되었다.

지금 세상에서는 상상도 할 수 없는 이런 사례들이 불과 몇십 년 전 우리나라 일이었다는 사실이 믿기지 않는다. 하긴 유럽에서 유럽 연합이 만들어지고 자유롭게, 아무런 구애 없이 이웃 동네 오가듯 다닐 수 있는 지금의 상황을 누가 예상이라도 했을까? 단지 세월이 너무 빨리 흐르는 게 무서울 따름이다. 그 빠른 세월의 흐름에 적응하지 못할까 두려울 따름이다.

콕보루 경기 Kok boru

상남자들의
한판 승부

2017년에 세계 문화유산으로 등재된 키르기스스탄의 콕보루 경기는 수 세기를 거슬러 올라갈 만큼 긴 역사와 전통을 가지고 있다.

드넓은 들판에서 가축을 방목하는 유목민족인 키르기스인들에게 가장 큰 피해를 입힌 늑대를 잡았을 때, 서로 용맹함을 자랑하고 기쁨을 나누는 행위에서 유래되어 전통놀이가 되었고 이것이 현대로 이어져오면서 경기로 발전했다는 설이 가장 신빙성이 높다.

늑대의 사체가 근세에 와서 양이나 염소의 사체이를 '울락Ulak'이라고 한다로 바뀌었다. 세월이 흐르면서 전통경기로 발전하고, 경기진행 방법을 체계적으로 명문화 규정화 하면서 전국적인 기마경기로 발전되었다.

콕보루 경기의 일반규칙은 비교적 심플하다. 19세 이상의 남성으로 구성된 두 팀이 겨루는 경기이다. 경기 방법도 의외로 단순하다. 평탄하고 넓은 야외 공간에서 진행되는 이 경기는 직경 6m 정도의 원형 골 포스트타이 카잔 Tai-Kazan를 정해두고 상대방의 골에 울락을 던져 넣어 점수를 내는 게임이다. 당연히 자기편 게이트에 상대방이 울락을 넣지 못하도록 막아야 한다.

콕보루 경기는 어마어마하게 역동적이다. 말을 타고 치르는 경기인 만큼 원래 기마민족인 키르기스스탄 사람들이, 걸음마보다 승마를 먼저 배운다는 키르기스인들이 열광할 만한 요소들을 충분히 가지고 있다. 상대방 말의 고삐를 잡지 못하는 공정성, 남의 말에 채찍질하거나 상대의 손을 잡는 등의 반칙행위는 자신의 명예를 더럽히는 행위로 여기는 예의. 염소를 말에 싣고 달리는 것도 남자답지 못한 치욕으로 간주하면서 정해진 룰을 엄격히 지키면서 진행하는 신사적인 매너 게임이기에 관중들도 열광한다.

전반, 중반, 후반전 각 20분씩 한 시간 동안 격렬하고 현란하게 진

사진 제공 _ KYRGYZ FRIENDS

284

행되는 이 경기는 오늘날 키르기스스탄에서 가장 인기 있는 기마경기로 확실히 자리매김하게 되었다. 키르기스스탄 전역은 물론, 이웃한 아프가니스탄이나 중국, 카자흐스탄과 타지키스탄, 우즈베키스탄 등 중앙아시아 등지의 키르기스인들이 거주하고 있는 모든 지역에서 이 경기가 성행하고 있을 정도로 키르기스인들의 사랑을 받고 있다.

키르기스스탄 국내에는 전국적으로 16개 상위 리그 팀과 80여 개의 세미 프로팀이 구성되어 있을 뿐만 아니라 각 지역별로, 또 전국 단위의 콕보루 연맹이 결성되어 있다.

인구가 720만 명 정도이지만 600개 이상의 아마추어 팀이 키르기스스탄의 여러 농촌 마을에서 오늘도 콕보루 경기를 위해 말을 달리고 있다.

콕보루는 키르기스스탄 최고의 작가로 하얀 배, 자말라 등의 소설로 우리나라에도 널리 알려져 있는 친기스 아이트마토프가 "용맹한 남자들만이 즐기는 이 경기를 우리에게 물려준 조상님에게 감사를 표하자."라고 할 정도로 키르기스스탄 전 국민의 사랑을 받고 있다.

마나스 Manas

한국에는 판소리,
키르기스스탄에는 마나스

∙∙∙

2022년 키르기스스탄 여행 때 국회에 초대받아 비슈케크의 국회 의사당에 들어간 적이 있다. 그 자리에서 8살 소년 마나스치의 마나스 낭송을 들으며 넋을 잃었다. 10분 정도의 낭송이었지만 단 1초도 쉬지 않고 마나스를 칭송하는 소리를 끊임없이 쏟아내는, 8살 코흘리개 앞에서 우리 일행들은 할 말도 잃고 그저 감탄만 했다. 소년은 전설의 영웅 마나스 이야기를 2시간 이상 쉼 없이 늘어 놓을 수 있다고 했다. 키르기스인들의 정신 문화를 경험할 수 있는 자리였다.

키르기스스탄의 국적 항공사인 마나스 항공의 비행기를 타고 수도 비슈케크의 마나스공항을 통해 키르기스스탄에 입국한다. 시내로 들어가 알라투 광장에 가면 마나스 동상이 우뚝 서 있다. 그 뒤쪽엔 마나스 국립박물관이 있고 주변엔 마나스대학이 자리잡고 있으며 그 근처에 있는 마나스극장에서 마나스 오페라를 관람할 수도 있다. 작곡가 압딜라스 말디바예프Abdylas Maldybaev가 작곡한 오페라 마나스를 감상한 후에는 마나스 거리에 있는 마나스 식당에서 맛있는 식사를 하고 마나스 호텔에 머물 수도 있다. 보나마나 그 호텔 주변엔 또 다른 마나스 식당도 있음이 분명하고 마나스 미용실도 있을 것이다. 마나스 경기장이 있고 마나스 공원도 있으니 키르기스스탄에서는 마나스와 관련된 일정들로 이루어진 마나스 투어도 얼마든지 가능하다.

우리나라 사람들이 이순신 장군이나 세종대왕을 생각하는 것 이상 키르기스스탄 국민들은 마나스 장군을 숭배한다. 그야말로 떼려야 뗄 수 없는 존재이다. 몽골에는 칭기즈칸이 있고 우즈베키스탄에는 티무르가 있듯이 이 나라에는 마나스가 영원한 우상이고 자부심이다. 하지만 서적이나 문서 등의 자료가 부족한 탓일까.

키르기스스탄에서는 옛날부터 마나스에 대한 서사시가 구전으로

마나스치(Manaschi)

전해져 오고 있을 뿐이었다. 영웅 마나스가 사람들을 이끌고 독립을 위하여 '크타이'와 싸우는 내용을 중심으로 하여 탄생부터 성장, 크타이와의 싸움, 베이징에서의 전투, 죽음에 이르기까지의 이야기를 담고 있다. 이 마나스는 총 25만 행에 달하며, 세계에서 제일 긴 구전 서사시 중 하나로 알려진 인도의 「마하바라타」 분량의 2배에 달할 정도이다. 유럽인들이 자랑하는 호머의 「일리아스」보다도 15배가량 더 긴 내용으로, 총 3부작으로 구성되어 있다.

키르기스스탄에서 몇 차례 마나스 낭송 공연을 보면서 영웅담을 넘어 신화 속의 인물같이 추앙하는 것을 보니 마치 우리나라 단군과 같은 존재라는 느낌도 받았다. 실제로 마나스 장군이 실존 인물인지 전설 속의 영웅인지 의견이 분분한데 실존 인물설에 더 무게가 실리고 있다고 한다. 그런 건 중요하지 않다.

키르기스스탄에는 어려서부터 마나스 서사시를 외우는 사람들이 많은데 이렇게 마나스 서사시를 암송하는 사람을 '으르치'라고 부른다. 보통의 으르치들은 사흘이나 나흘 정도 분량의 마나스를 쉼 없이 연행할 수 있고, 그 과정을 거치며 인정을 받아야 더 높은 등급의 호칭을 얻을 수 있다. '마나스치Manaschi'가 바로 그 주인공이다. 이들은 악기를 사용하지 않고 저마다 동작이나 리듬, 독특한 소리 톤으로 그 많은 양의 서사시를 술술술 풀어내며 듣는 이들을 무아지경에 빠뜨린다. 마나스치들은 마나스를 구술하는 것을 하늘이 정해준 소명으로 믿고 있으며 이런 믿음을 바탕으로 그들의 정체성과 지속성을 유지할 수 있었다는 설명을 들으며 나는 신내림을 떠올렸다. 인간의 능력 영역을 벗어난 이런 일은 책임감이나 소명감 같은 것으로는 도저히 설명이 불가능하다.

마나스는 키르기스스탄 국민들의 깊은 관심과 아낌없는 사랑을 받고 있고 마나스치들도 융숭하게 대접을 받으며 왕성한 활동을 전개하고 있는데 우리나라의 판소리는 어떤 실정인가 비교해 보니 부끄럽다. 키르기스스탄의 GDP나 국민들의 생활 수준은 아직 우리와 차이가 커서 비교가 안 된다고 여겼는데 마나스보다 훨씬 더 고차원적인 예술, 비교할 수 없는 고품격 종합예술인 우리의 전통문화 판소리가 받고 있는 대접을 생각하니 수치스러울 정도였다.

마나스도 판소리도 둘 다 똑같이 세계인류문화유산에 등재되어 있다. 우리의 판소리는 자랑스러운 우리 문화라고 자부심을 가지면서도 관련된 국악인들이나 겨우 직접적 관계를 맺고 있을 뿐 판소리에 깊은 관심이나 애정을 가지는 일반인은 별로 없는 게 현재 우리 실정이다. 안타깝다.

지난해 여름 전라도 진도에 간 적이 있다. 때마침 국립 남도국악원에서 '국악의 향연'을 진행한다는 사실을 알고 다른 일정을 포기하고 관람한 적이 있다. 공연은 한갑득 명인의 한갑득류 거문고 산조에 의한 산조합주로 시작되었고, 젊디젊었던 청춘이 어느새 늙어감을 한탄하는 '편시춘'을, 또 심청가 중에서 맹인잔치에 가던 심봉사가 고난을

으르치의 마나스 낭송(2019년 키르기스스탄 국회에서)

겪는 과정을 판소리로 엮은 대목 등을 감상하면서 마음 한편으로는 흥이 나고 유쾌했지만 한편으로는 우울하고 슬퍼지는 묘한 감정이 겹쳐 느껴졌다. 무료 공연이었고, 공연장과 진도읍까지 얼마 되지 않는 거리였지만 관람객 편의를 위해 셔틀버스를 운행하는 편의를 제공하고 있었음에도 객석은 절반도 차지 않았다. 빈자리를 보면서 비통한 마음을 지울 수 없었다. 유럽의 유명 성악가가 하는 국내 공연은 쉽게 다가갈 수 없는 비싼 입장료를 지불해야 함에도 언제나 만석이면서 판소리 공연장은 항상 빈자리가 더 많다.

키르기스스탄에서 마나스는 계승자들이나 관계인들만의 문화가 아니다. 일반인들의 결혼식이나 축제, 경사스러운 날에는 '거의 반드시'라고 할 만큼 관객들 앞에서 마나스를 암송하는 행사를 가진다. 우리처럼 관계인들만의 행사가 아니라 일반인들의 일상에 깊이 자리하고 있다. 우리보다 못사는 나라라고 무시할 게 아니다. 이런 문화 의식은 배워야 한다.

마나스치 낭송

독수리

검독수리와
베르쿠치

독수리는 우리나라를 비롯해 중국이나 몽골, 시베리아 등지의 아시아는 물론, 전 세계에 걸쳐 광범위하게 퍼져 살고 있는 맹금류이다. 미국을 상징하는 새도 독수리이고, 우리 귀에 익숙한 사이먼 앤 가펑클의 '엘 콘도 파사El condor pas'a'도 독수리를 소재로 한 남미의 노래이다. 페루의 독립운동가인 호세 가브리엘 콘도르칸키José Gabriel Condorcanqui를 추모하는 노래라고 한다. 전 세계 300개 이상의 번안곡으로 불리고 있으며 페루에서는 이 곡을 제2국가國歌로 지정하고 2004년에 국가 문화유산으로 선포하기도 했다.

이야기가 옆으로 흘렀다. 맹금류는 육식을 하는 사나운 조류를 일컫는다. 매도 있고 수리도 있고 올빼미와 부엉이도 대표적인 맹금류이다. 그중 지존은 독수리이다. 독수리과 안에서도 검독수리가 가장 사납고 강한 종이다. 몸 길이는 1~1.5m이며 양 날개를 펼치면 3m에 달하는 것도 있을 만큼 덩치가 크다. 이 녀석들은 5km 앞을 볼 수 있는 시력을 가지고 있으며, 발톱의 움켜쥐는 힘은 토끼나 닭의 갈비뼈를 단숨에 부러뜨릴 만큼 세다. 게다가 사냥술 또한 대단하다. 새끼곰을 낚아채어 가는 걸 목격한 사례가 있고 절벽 위 산양을 밀어서 떨어뜨려 사냥할 만큼 영리하기도 하다. 노루를 낚아채 하늘에서 일부러 떨어뜨리는 장면을 얼마 전 우연히 유튜브에서 본 적도 있다.

몽골이나 카자흐스탄, 키르기스스탄 등지에서는 이런 독수리를 길들여 매사냥을 한다. 독수리 둥지를 지켜보다가 알에서 갓 부화한 암컷 새끼를 둥지에서 훔쳐와 훈련 후 사냥을 시킨다. 훈련 과정은 상상 이상이다. 언젠가 TV에서 이 과정을 다룬 다큐멘터리 프로를 시청한 적이 있다. 습득력이 빠른 녀석들은 10년 정도면 어느 정도 길들여져 사냥이 가능하지만 매사냥은 10년 정도의 기간이 한계라고 한다. 40~50년 정도 되는 수명의 절반 정도는 인간과 함께 공생관계로 지낼 수 있지만 완전한 성체가 되면 야생으로 돌려보내야 할 만큼 야생 본능이 강한 동물이라 완벽히 길들이기는 현재까지 불가능하다고 한다.

몽골도 카자흐스탄에도 타지키스탄과 중국의 신장 위구르에도 독수리를 이용한 사냥꾼들이 있지만 키르기스스탄인들이 중앙아시아에서 가장 뛰어난 사냥꾼들이라는 점은 세계적으로 공인된 사실이라고 한다.

이식쿨호수 남쪽 보콘바예보Bokonbayevo에서는 매년 겨울 '솔부룬 Solburun축제'가 열린다. 훈련된 독수리로 여우나 토끼, 들쥐 등을 사냥하는 전통의 축제 마당이다. 대회 시작 전에 독수리를 굶긴다. 위장이 비어 있어야 쉽게 날아오를 수 있고, 배가 고파야 목표물을 더 쉽게 찾고 더 빨리 공격할 수 있기 때문이라고 '베르쿠치'들이 말한다. '베르쿠치'는 독수리 사냥꾼을 가리킨다. 옛날에는 베르쿠치들이 사람들로부터 각별한 존경을 받아왔다. 눈이 내린 겨울철에 식량이 부족할 경우 독수리 사냥을 통해서 마을 사람들에게 육류를 공급하였기 때문이다. 실제로 그런 경우가 많았다고 한다. 겨울에만 활동하던 이들을 요즘에는 이식쿨호수 남쪽의 보콘바예보에 가면 일 년 중 언제라도 만날 수 있다.

여우털 모자에 가죽 장화, 전통 문양이 새겨진 두꺼운 소가죽 벨
트 등 전통의상으로 한껏 멋을 부린 남성이 눈가리개를 한 검독수리
를 자기 팔뚝에 앉혀서 여행객을 기다리고 있다. 현대의 베르쿠치다.
드넓은 벌판에서 관광객을 상대로 검독수리에 관한 사항들을 설명하
는 사이 사냥꾼 일행이 검독수리를 데리고 말을 타고서 멀리 떨어진
산등성이로 올라간다. 사냥꾼이 신호를 하면 한 명은 독수리를 날려
보내고 또 다른 한 명은 여우 모양의 먹잇감을 끌고 달린다. 날렵하
게 허공을 가로질러 날아오던 독수리가 활공을 하는가 싶더니 군더
더기 없는 깔끔한 동작으로 발톱으로 먹이를 낚아챈다. 사람들은 저
절로 환성을 지르며 박수갈채를 보낸다. 그러고는 줄지어 서서 자기
팔에 독수리를 올려두고 저마다 기념 촬영을 한다.

키르기스스탄은 독수리 사냥이 국가문화유산으로 지정되어 있다.
하지만 세상이 변하니 사냥보다는 관광상품으로 변했다. 오늘날의 베
르쿠치는 독수리 사냥이 생존 수단이 아니고 이제는 여행객에게 퍼
포먼스를 제공하는 걸 업으로 하고 있었다. 그렇지만 대자연의 생존
방식에 익숙하지 못한 우리 눈에는 이런 모습만으로도 충분히 신비
롭고 흥미로웠다. 예전 몽골여행 때 우연히 며칠 머무른 숙소 주인이

키르기스스탄의 문화유산, 독수리 사냥

꽤 유명한 독수리 사냥꾼이었다. 지니고 있으면 액운을 막아준다고 하여 그에게서 3개의 꼬리 깃털을 받아 여태 차 운전석에 올려놓고 다녔는데, 세월이 지나니 많이 낡아버렸다. 이번에는 몽골의 깃털이 아닌 키르기스스탄의 새로운 기운을 얻고 싶다. 새 깃털이 탐났다.

선물
이야기

키르기스스탄에서는
무얼 사올까?

· ·

천연 꿀

키르기스스탄은 미술관이나 박물관 관람을 위해 가는 나라는 아니다. 유럽처럼 쇼핑을 즐기러 가는 나라는 더더욱 아니다. 오로지 힐링이다. 대자연을 보고 즐기고 감탄하고 감동하는 곳이다. 그렇지만 예닐곱 시간 비행기를 타야만 오갈 수 있는 엄연한 국외여행지이다.

그런 키르기스스탄을 방문한 기념으로 만약에 여행기념품을 산다면, 평소 신세를 지거나 고마운 사람들에게 선물을 산다면 무엇이 좋을까? 지인들이 내게 물으면 나는 거침없이 대답한다. 중량초과 한도 범위 내에서 꿀을 많이 사서 오라고.

처음 키르기스스탄에 갔을 때 현지 지인으로부터 그곳의 꿀이 좋으니 꼭 꿀을 사서 가라는 권유를 받았지만 귀국길이 아니고 다른 나라로 넘어가는 일정이라 작은 포장용기 한 통만 샀다. 여행 중 매일 아침 보온병에 더운 물을 담아 꿀을 타서 마시다 보니 며칠 만에 동이 났다. 큰 용량을 사지 않은 걸 내내 후회했다. 그 후로는 키르기스스탄을 다녀올 때마다 꿀을 잔뜩 사서 돌아왔다. 인사할 데나 선물할 곳에 요긴하게 사용하고, 남은 건 집에서 차를 마실 때 설탕 대신 꿀을 타 마시고 있다. 알고 지내는, 한국에서 공부하고 있는 몇몇 키르기스스탄 유학생들도 본국에 갔다가 돌아올 때는 언제나 꿀을 화물 한계치까지 가득 가지고 온다고 한다.

키르기스스탄은 우리나라 2배의 면적을 가진 나라다. 그 국토의 40%가 해발 3,000m를 웃도는 산악 국가이다. 고도에 비해 낮 동안의 기온이 적당하고 강수량도 넉넉하여 다양한 야생화가 지천으로 피어나는 대자연을 품고 있는 아름다운 곳이다. 꽃이 지천이니 당연

키르기스스탄 나린 지방의 샌포인 꽃밭

히 벌도 많다. 고도가 높은 곳이니 벌들도 강인한 생명력을 가진 토종들이다. 백두산 정상보다 더 높은 곳에서 생명을 유지하는 야생화도 보통의 꽃이 아니다. 그중 콩과의 한 종류로 알려진 샌포인Sainfoin, 잠두화은 다른 야생화보다 10배나 더 많은 꿀벌을 유인할 수 있는 향과 맛이 독특한 꽃가루를 가지고 있다고 한다. 이 꽃을 매개체로 수확한 꿀은 '샌포인 허니Sainfoin Honey'라는 고유의 이름을 가지고 판매되고 있다. 그 중에서도 남부 나린주州의 앗 바쉬At Bashi지방에서 생산된 '앗 바쉬' 꿀이 키르기스스탄 최고의 꿀로 평가받는다. 우리에게 익숙한 투명한 갈색의 꿀이 아니다. 꽃가루에 있는 포도당이 효소에 의해 글루코산으로 바뀔 때 하얀 기포가 발생하여 꿀이 하얗게 변하여 특이하게 흰색 고체 크림 형태이다. 신기하게 이 꿀에서 나는 꽃향기는 강렬하다. 숟갈로 떴을 때 우리 꿀처럼 주르륵 흘러내리지 않는다. 습도가 낮고 건조한 지역에서 생산되기 때문에 수분 함유량이 적어 덩어리처럼 고형화되어 있다.

2013년 영국에서 개최된 세계 벌꿀대회에서 골드 크라운상을 수상하여 최고 품질을 인정받았으며, 2014년 튀르키예 국제꿀대회에서도 품질부문 1위를 차지했다고 한다. 그 후로도 국제품평회에서 늘 최고 등급을 인정받고 있는 키르기스스탄의 벌꿀은 몇 해 전부터 한국 기업이 대량 수입 판매하기 시작했고, 최근에는 국내 홈쇼핑에서도 키르기스스탄의 꿀을 본격적으로 판매하고 있는 만큼 품질에서는 이미

입증된 셈이라고 할 수도 있겠다. 하지만 문제는 가격이다. 서울에서 사는 가격과 현지의 가격은 지나치다고 할 만큼 엄청난 차이가 난다. 좀 과장하면 몇 통 사오면 항공료가 빠진다고 할 정도이다.

키르기스스탄의 꿀은 명실상부 세계 최고의 품질이다. 게다가 세계 최고의 예쁜 가격이다.

현지 꿀 전문가가 전해온 천연 꿀의 효능을 여기에 옮겨 본다.

천연 꿀의 효능

- 천연 항균 작용 : 소독제로 많이 사용되는 과산화수소와 같은 항균 성분이 있어 감염 예방, 소독, 증상 완화, 자극 감소 효과가 있다.

- 항산화 효과 : 꿀에는 플라보노이드와 폴리페놀 화합물 성분의 항산화제가 있어 세포의 염증을 억제하고 면역력을 높이는 기능이 있어 심장질환 예방에 중요한 역할을 한다.

- 에너지 공급 : 풍부한 양의 비타민과 미네랄, 자연 당분을 함유하고 있어 피로회복과 에너지 충전에 탁월한 효과가 있다.

- 불임 치료 : 풍부한 미네랄과 아미노산의 영향으로 체력이 향상되고 생식 기관, 난소 기능을 도와 불임 치료에도 도움이 된다.

- 소화 기능 개선 : 공복 시 1티스푼의 흰 꿀을 섭취하면 설사, 위궤양에도 탁월한 효과를 얻을 수 있고 만성 소화불량에도 효과가 있다.

- 풍부한 영양소 공급 : 꿀은 최고의 완전 식품으로 각종 영양소가 풍부하므로 신체에 영양을 공급하는 에너지원이다.

- 뛰어난 상처 치료, 미용 효과 : 키르기스인들은 옛날부터 상처에 꿀을 발라 치료하며, 이미 기원전 클레오파트라도 미모 관리를 위해 꿀을 이용했을 만큼 여성의 화장에도 효과가 있다.

믿거나 말거나 이 정도면 그야말로 만병통치약 수준이다.

양모 제품

키르기스스탄은 예부터 양을 많이 키우는 유목민의 나라다. 양털로 만든 다양한 기념품들도 많다. 예쁘고 깜찍해 저절로 손이 가는 양모 인형이 대표적이며, 모자나 파우치, 샌들이나 방석 등 수공예로 정성 들여 제작한 제품들이 많다. 가격대가 조금 있는 편이지만 시간과 공을 들여 한 올 한 올 손으로 가공했음을 생각하면, 또 공장에서 찍어낸 상품처럼 똑같은 모양이 없다는 사실을 생각하면, 공정여행의 차원에서 생각하면 기쁜 마음으로 구매할 수 있다. 이 역시 시내의 판매점이나 관광지의 소규모 판매점의 제품이 공항 면세점보다 종류도 다양하고 가성비가 훨씬 높지만 품질 상태를 잘 살피고 구입하는 게 관건이다.

PS 꼬냑이나 위스키 등 양주도 가격대비 맛과 품질수준이 뛰어나다.

이 책은
키르기스스탄의 문화와 전통, 자연의 풍요로움을
섬세한 존중심과 깊은 이해를 바탕으로
놀랄 만큼 세밀하게 표현하고 있습니다.

페이지마다 키르기스스탄을 아끼고 사랑하는 따뜻함과 진솔함이 담겨 더욱 흥미롭고 유익한 책이라 여겨집니다.

키르기스스탄의 보석 이식쿨호수와 송쿨호수를 비롯해 독특하고 환상적인 대자연을 훌륭하고 실감나게 표현한 이 책은 보는 이로 하여금 그 아름다움과 웅장함에 빠져들게 만듭니다. 우리 문화와 역사적 명소에 대한 유익한 정보도 가득 싣고 있습니다. 뛰어난 감각으로 정확히 서술된 키르기즈 사람들의 여가, 전통 예술, 요리법, 일상생활에 대한 내용은 키르기스스탄 문화에 더 높은 가치를 부여하고 다양한 전통문화를 더 많이 이해하고 감상하려는 한국분들에게 훌륭한 가이드 역할을 할 것입니다.

특히 저자가 직접 찍은 사진과 그림들은 내용을 완벽하게 보완하여 독자들이 더 풍성하고 다채롭게 감상할 수 있게 돕습니다. 사진만으로도 키르기스스탄을 즐길 수 있을 정도입니다.

한국 독자와 여행객들이 상호 존중의 자세로 키르기스스탄의 독특한 유산을 더 잘 이해할 수 있도록 애써준 작가의 노력 덕분에 이 멋진 책은 이제 양국 간의 문화 교류 및 관광 발전에 커다란 기여를 하게 될 것입니다.

끝으로 키르기스스탄 홍보를 위해 애써 주신 저자의 노고와 헌신에 깊은 감사를 드리며 이 책이 양국 간 우정과 협력을 강화하는 새로운 이니셔티브와 프로젝트가 되기를 기대합니다.

주한 키르기스스탄 대사

Aida Ismailova

Книга, выполненная с высоким уровн ем профессионализма, отразила истинн ую суть нашей прекрасной страны. Авто р смог с тонким уважением и глубоким п ониманием представить богатство кырг ызской культуры, традиций и природы. Каждая страница излучает тепло и искр енность, что делает чтение захватываю щим и познавательным.

Одним из наиболее впечатляющих ас пектов книги является детализированно е описание уникальных природных лан дшафтов Кыргызстана, особенно жемчу жина Кыргызстан – озеро Иссык-Куль.

Автор мастерски передает атмосферу этих мест, что позволяет читателю практ ически ощутить их красоту и величие.

Книга также выделяется своей содер жательной информацией о культурных и исторических достопримечательностях страны. Автор тщательно проработал те мы, касающиеся национальных праздни ков, традиционного искусства, гастроно мии и быта кыргызского народа.

Это придает произведению дополнит ельную ценность и служит отличным пу теводителем для тех, кто хочет глубже по нять и оценить

многогранную культуру Кыргызстана.

Особое внимание стоит уделить иллю страциям, которые дополнительно обог ащают текст. Фотографии и рисунки, вк люченные в книгу, прекрасно дополняю т описания и помогают визуализировать то, о чем идет речь. Они делают книгу не только информативной, но и эстетическ и привлекательной.

Книга является важным вкладом в раз витие культурных и туристических связ ей между нашими странами. Она способ ствует лучшему пониманию и уважению к уникальному наследию Кыргызстана с реди корейских читателей и путешестве нников.

В заключение, я хотел бы выразить гл убокую благодарность автору за его труд и преданность делу популяризации Кыр гызстана. Это произведение станет отли чным помощником для всех, кто мечтает посетить нашу страну и узнать о ней бол ьше. Мы с нетерпением ждем новых ини циатив и проектов, которые будут спосо бствовать укреплению дружбы и сотруд ничества между нашими народами.

2002년 키르기스스탄의 초대 명예영사 시절
'Maximum 90.9 FM 방송국'을 설립했다.

이때 키르기스스탄이 배출한 세계적 문호 칭기스 아이트마토프께서 나를 양아들로 삼고 바깟(Bakyt)이라는 이름을 지어 주며 키르기스스탄과 한국의 친선, 교류를 당부했다. 이를 계기로 '칭기스 아이트마토프' 연구소를 설립하면서 나와 키르기스스탄과의 인연은 점점 깊어졌다.

최근에는 급식·구제·교육을 목적으로 하는 '페이버스 NGO' 설립 및 운영을 위해, 또 2023년 6월부터 인천-키르기스스탄 마나스공항 직항 취항을 위해 수없이 방문했던 키르기스스탄.

한국 사람에게는 아직 낯설고 생소한 국가이지만, 알면 알수록 정이 가고 한국과의 관계도 급속한 속도로 가까워지고 있는 나라 키르기스스탄.

중앙아시아의 알프스라 불리우며 관광 대국으로서의 잠재력도 품고 있는 대자연의 나라 키르기스스탄!

자동차와 오토바이를 타고 전 세계를 누비고 다닌 후 그 경험과 기록을 기업, 군부대, 학교, 방송(KBS 강연 100℃) 등에서 소개한 바 있는, 내가 알고 있는 대한민국 최고의 여행 전문가 조용필 씨가 다녀본 세계 100개국이 넘는 나라 중 최고의 나라로 선택한 키르기스스탄.

드디어 그 가치를 알아보고 전문 서적이 출간된다 하니 그지없이 반갑고

페이버스 회장
민 병 도

고맙다. 혼자 알고 있기에는 너무 아쉬워, 서적 출간을 위해 반복하여 키르기스스탄을 방문하며 정보를 축적하고, 거기에 시간과 정성을 얹혀 엮어낸 책이니만큼 더욱 기대된다.

이 책은 키르기스스탄을 깊이 이해할 수 있는 보석 같은 내용들로 채워져 있음은 물론, 키르기스스탄 사진전을 개최한 적도 있을 만큼 키르기스스탄을 사랑하는 저자가 직접 찍은 멋드러진 사진과 함께 저자의 인생도 엿볼 수 있어 인문학적 색깔도 묻어 난다. 더불어 15년간 키르기스스탄에 거주하며, 현지 선천성 심장병 어린이를 2011년부터 2024년까지 매년 18차례에 걸쳐 142명을 무료로 수술해 온 조정원 회장이 감수를 했다고 하니, 진정성과 애정이 차고도 넘친다.

키르기스스탄을 제2의 조국으로 사랑하고 20년 넘도록 인연을 이어 온 나로서는 동지를 만난 듯 반갑고, 담겨져 있는 내용을 읽어보니 나의 일처럼 살갑고 정감이 묻어 난다.

많은 독자들이 이 서적을 통하여 키르기스스탄을 바로 알고, 여행이든 사업이든 어떠한 이유로 키르기스스탄을 방문하더라도 유익한 길잡이가 될 것이라 확신한다.

키르기스스탄과 나의 인연은
2017년 12월 한겨울에 시작되었다.

영월 군수 시절이었다. 그날은 유난히도 많은 눈이 내렸다. 통행조차 어려운 눈보라를 뚫고 키르기스스탄 예산결산위원회 위원장으로 있던 국회의원이 군청을 찾아왔다. 사전에 약속이 되어 있었지만 날씨가 워낙 좋지 않아 기대하지 못했던 방문이었다. 그때 인솔자이자 만남을 주선한 분이, 감수를 맡은 조정원 회장이었다.

그렇게 시작된 인연은 2018년 4월 한국·키르기스스탄 교류협력위원회 발족으로 이어졌고, 2019년 열일곱 명의 한국·키르기스스탄 교류협력위원회 멤버들과 함께 일주일간 키르기스스탄을 방문하는 계기가 되었다. 이 기간 중 대통령궁, 국회, 투자청, 현지 경제인협회와의 교류가 있었고, 방송에도 출연하여 양국의 공동 발전을 위한 여러가지 프로그램도 제안하는 등 성과를 남겼다.

안타깝게도 그 이듬해부터 시작된 코로나 사태로 더 이상의 적극적인 교류는 어려웠는데, 그 아쉬움을 달래 주는 이 책의 출간 소식을 접하게 되어 떨 듯이 기뻤다.

산악국가인 키르기스스탄은 내 고향 영월과 너무나도 닮았다. 그래서 키르기스스탄에 머무는 내내 그냥 고향 땅에 있는 편안한 마음이었다. 영월을 닮은 키르기스스탄과 한국은 문화적으로도 닮은 점이 많아 형제국처럼 느껴

한국 · 키르기스스탄 교류협력위원회 총재
박 선 규

졌다. 우리가 경제적으로 여유가 있으니 양국간에 활발한 교류와 협력을 통해 함께 발전하게 되기를 간절히 바라 왔다.

이를 위해 우선은 양국간 잦은 왕래가 필수적 요건인데, 작년부터 인천공항과 마나스공항을 오가는 직항이 개설되면서 한결 가까워졌다. 더 많은 사람들이 톈산산맥의 대자연과 이식쿨호수를 비롯한 수많은 호수를 보다 쉽게 만날 수 있게 되었다. 톈산을 트레킹하며 온천욕을 통한 힐링의 시간도 가질 수 있다니 여간 반가운 게 아니다.

이런 시점에서 키르기스스탄에 대한 다양한 정보를 담아 낸 책자가 발간된다고 하니 모두가 시의적절하다. 이 책은 분명 많은 사람들에게 즐거움을 선물할 것임을 믿는다. 키르기스스탄이라고 하는 나라가 그렇고, 필자의 인생과 전문성이 담겨 있기에 그렇고, 감수한 사람의 향기를 알기에 그렇다. 많은 분들에게 자신 있게 이 책을 추천한다. 이 책을 통해 영월을 닮은 키르기스스탄을 알게 되고, 방문 후에는 영혼이 맑아지고 살찌게 될 것임을 나는 확신한다.

키르기스스탄이라는 나라를
정확히 아는 사람은 얼마나 될까?

2023년 직항이 생기기 전에는 인접국인 카자흐스탄을 경유해 입국해야 할 만큼 우리와 가까운 나라는 아니었다. 계획 없이 이 나라를 방문하게 되었던 나도 인터넷의 간단한 정보만 접하고 떠날 수밖에 없었는데 키르기스스탄 전문여행사와 조용필 대표가 인솔하는 현지의 숙련된 팀과 함께하게 된 여행은 기대 이상의 것이었다. 7박 9일 동안 이 나라를 여행하면서 받은 소감은 세 글자로 요약할 수 있을 것 같다. '설, 화, 수' 유명 화장품 브랜드를 차용한 것 같아 아쉽지만 나의 머릿속을 가득 채운 것은 이 세 글자였다.

먼저 '설(雪).' 대부분의 안내서는 톈산산맥과 높은 봉우리들을 언급하지만, 비교적 건조한 평지와 달리 지형성으로 형성된 비구름이 눈을 내리고 그로 인해 쌓인 눈이 녹지 않고 여전히 남아 있는 만년설이 내게는 먼저 다가왔다. 산이야 높낮이 차이는 있지만 우리나라를 비롯해 어디에나 있다. 이 나라를 여행하는 내내 나의 시선은 남쪽 또는 북쪽으로 보이는 톈산산맥의 만년설에 고정되어 있었다.

둘째, '화(花).' 알틴아라샨을 비롯하여 알라아르차 국립공원을 트레킹하는 동안 만년설이 녹아 만들어진 엄청난 계곡의 물소리가 귀를 호강시킬 때, 식물에 문외한인 나의 눈도 황홀케 하는 야생화들의 화려하고 다양한 군무는 산길을 걷고 있음을 잊게 하기 충분했다. 이 꽃에서 만들어진 꿀은 결국 수

성신여대 지리학 교수

박 경

많은 벌들의 먹이가 되고, 키르기스스탄을 대표하는 하얀꿀로 상품화되었다. 또 이들 수많은 화(꽃)는 소와 양의 먹이가 되어 여행 내내 우리의 식탁을 얼마나 풍요롭게 했던가? 전 세계인이 부러워하는 풍부한 소고기와 양고기의 공급원이 되는 산록의 엄청난 초지와 꽃밭은 평생 기억 속에 새겨지리라 믿는다. 이들의 삶은 꽃과 풀이 가득하여, GDP 통계가 말해주는 가난한 사람들의 고단한 삶이 전혀 아니었다. 오히려 자연에 순응하며 하늘이 허용한 것만으로도 풍성한 삶을 누리고 있지 않은가 하는 생각도 들었다.

마지막으로 '수(水)', 엄청난 속도와 양으로 귀를 압도하며 흐르는 계곡물은 우리가 어린 시절 '냇물아 흘러 흘러 어디로 가니'라는 노래를 부르며 배운 것처럼 바다로 가지 않는다. 이 계곡물은 송쿨호수, 열해라고 불리며 제주도 3배 면적에 달하는 이식쿨호수 등 1,900개가 넘는 호수를 채우고 있다. 아직도 신생대 조산운동의 흔적을 가득 품은 퇴적물로 가득한 이 회색의 척박한 땅을 점점이 푸르게 하고 있다.

'길따라필따라'를 연호하며 키르기스스탄을 방문하면서 내가 느낀 벅찬 감동을 직접 경험하기를 강력히 권하지만, 여건이 허락하지 않는다면 조용필 대표가 저술한 이 책의 글과 풍부한 사진 자료를 통해서라도 감동의 일부나마 공유할 수 있으면 하는 바람이다.

키르기스스탄 여행 준비물

- 여권, 선크림, 선글라스, 모자(차양모), 팔토시
- 수영복(호텔 수영장, 온천, 이식쿨호수)
- 세면도구, 휴대용 티슈, 물티슈, 개인의류
- 개인 복용 의약품
- 방한모자, 워머, 얇은 내의, 패딩, 긴팔의류, 얇은 머플러 요긴
- 워킹화나 트레킹화 필수, 샌들도 준비하면 편함, 등산용 스틱, 우의 또는 우산
- 개인 간식류
- 고추장이나 젓갈류 등 간단한 밑반찬과 비상식량
- 헤드랜턴, 소형 트레킹용 배낭 권유

- 여름철에도 해가 지면 기온이 내려감
- 고도가 높은 곳은 춥다(고도 100m에 -0.6도씩 기온 하강)
- 왕복 항공기 기내에서도 보온 대책 필요
- 추위를 많이 타는 분은 핫팩 몇 개 챙기기
- 짐 여유 공간이 있으면 수건도 한두 장 챙기기

- 전기 플러그는 우리나라와 동일
- 휴대폰 보조배터리, 충전코드
- 달러 환전 출국 후 현지에서 솜으로 환전하여 사용
- 호텔, 대형 식당은 카드가 통용되지만 교외는 거의 불가

왜 키르기스스탄인가

초판 1쇄 발행 2024년 10월 15일

글 · 사진 조용필 / **발행인** 김윤태 / **교정** 김창현 / **북디자인** 디자인이즈
발행처 도서출판 선 / **등록번호** 제15-201 / **등록일자** 1995년 3월 27일
주소 서울시 종로구 삼일대로 30길 23 비즈웰 427호 / **전화** 02-762-3335 / **전송** 02-762-3371

값 20,000원
ISBN 978-89-6312-634-0 03910